近代日本の思想家
1

•

Fukuzawa Yukichi

福沢諭吉

Toyama Shigeki
遠山茂樹

•

東京大学出版会

Thinkers of Modern Japan 1
FUKUZAWA YUKICHI

Shigeki TOYAMA
University of Tokyo Press, 2007
ISBN 978-4-13-014151-2

目次

福沢諭吉
——思想と政治との関連——

本文中の書名の下に付した数字は、昭和三三年版『福沢諭吉全集』の所収巻数を示すものである。

I　考察の視点

福沢諭吉の研究は、きわめて恵まれた条件の下にある。全集は、明治三一(一八九八)年に時事新報社編の五巻本が出て以来、大正一四(一九二五)～一五年には、同じ編の一〇巻の全集、昭和八(一九三三)～九年に、慶応義塾編の続全集七巻が出、さらに昭和三三(一九五八)～三九年には、現存史料のほとんどを網羅した慶応義塾編の二一巻全集が刊行されている。研究の著書・論文は、文字どおり汗牛充棟もただならざる有様であり、その目録は昆野和七編「福沢諭吉関係文献総目録」(「史学」第二四巻二・三号、昭和二五年一〇月)があり、さらに私は未見であるが、会田倉吉編「福沢先生関係文献目録稿」(「塾史」昭和三〇年三月、三一年三月、三二年四月、三三年五月、三四年一一・一二月、三七年九月号)は、細大洩らさず関係文献を採録しているという。

それにもかかわらず、福沢諭吉の思想の歴史的評価は安定していない。それは主として彼の思想および思想の表現の仕方の特質にもとづくことである。彼が自己の思想を体系的に著述したものは『文明論之概略』ただ一つといっても良く、厖大な著作の主要部分は、時事問題をあつかった発言なのである。したがってその発言には、その時々の政治情況・思想情況のちがい、それにたいする彼の姿勢と関心の所在の差によって、主張の内容が変化している。ある時は民権を強調するが、他の時には国権をもっぱら説き、ある場合は政府にたいする批判・抵抗を主張するかと思えば、他の場合には官民調和の必要を論ずるといった有様である。加うるに欧米の思想を紹介しあるいは借用した部分もあれば、日本の現実とのぶつかりあいの中から彼なりに作りかえ、あるいは独自に考え出したと考えられる部分もあり、それが容易に見わけがたいほど融合しているのが、これまた特色である。そして欧米の思想と日本の現実との間には、歴史の発展段階を異にするほどの開きが存在するのである。いったいどこに彼の思想の本筋があるのか、読む人の思想にしたがって如何様にも読みとることを可能とするような思想の性格なのである。彼自身、自分の論旨を読者が幾様かの受けとり方をすることを意識して筆をとったとさえ思われるのである。したがって、後世の人が百人百様の諭吉観をつくりあげているのは、ある意味では当然であるとさえいうことができるのである。

私が福沢に関心をもち、その思想の考察をはじめたのは、次の先学たちの業績に触発されたからであるが、それは大まかにいえば、二つに類別することができるだろう。

第一類は、主としてイデオロギーとしての側面から考察したものである。すなわち福沢がいかなる社会的・政治的立場に立ち、どのような姿勢から、いかなる内容の発言をしたか、それは歴史の発展の中でどのような役割をもったかという観点に立つものである。羽仁五郎氏の『白石・諭吉』（昭和一二年）はその典型である。羽仁氏は、権力と人民という歴史の基本的対立の中にあって、福沢がいかなる位置をしめたかに着眼し、体系あり原則ある独自の思想を展開しえた理由を、彼がいかなる問題にも自主自由の原則を持し、人民の立場に立ちえた点にその根拠を求め、しかも彼が士族の立場を脱しきれず、人民の立場に徹しえなかったことに、反封建の主張が挫折歪曲せしめられた所以があると論じた。「この人民の運動の成長の実力が下から押し来つて居たからこそ、あの福沢諭吉の封建主義に対する不満及び批判及び洋学に依る文明の業の進歩の要求は、今は単なる不満に終らしめられてしまうことも挫折せしめられてしまうこともなきを得て、幾多の先覚等が挫折したところをも進み越えて、ここに俄然として一の最早如何とも動かすべからざる原則に到達し揺がすべからざる組織的体系を形成し、せき止めることのできない奔流を現出するに及んだのであつた」「かの封建支配の偏重抑圧に対する福沢諭吉の人民文明の進歩の努力が漸く有産者市民文明の偏重となり且つそこに人民に対して旧封建的勢力の残存にこの新有産者的要素が妥協共同するの傾向に導かれ、彼の本来の主張に矛盾するに至つて来たことは、彼の人民の観念乃至社会の観念の内容の不明確が主観的客観的の歴史的条件の展開の間にそうした新しい偏重に従うに至つたのであつた」（二七一・三七六ページ）。

家永三郎氏も、福沢の畢生の事業が「封建的なるもの」とたたかって、日本を「近代化」することにあったが、彼の目標とする近代化とは、資本家の指導する日本を築きあげることであったとし、その資本家支持、貧富平均論排斥の意図を指摘し、決して無限界の自由平等の社会を樹立しようとするものでなかったと論じた（「福沢諭吉の階級意識」『近代精神とその限界』昭和二五年所収）。

服部之総氏の福沢論（「福沢諭吉」『服部之総著作集』第六巻所収）は、同じ第一類に属するが、論点はいちじるしく異なる。服部氏が「福沢研究のかんどころは、主体的に云ってみて、福沢惚れによって福沢の真実にはとうてい到達できないということである」というとき、「福沢惚れ」には、羽仁氏も、後述の丸山真男氏も、私の論稿もふくまれている。服部氏は、福沢をふくめた明六社の同人の売物とする泰西文明思想は「ヨーロッパでは絶対主義にたいする抗争の武器としてうまれ、日本では絶対主義権力の保強《（ママ）》の武器とな」ったと指摘し、明治一二年七月発表の『国会論』を例にあげて、それが誰にたいし何を主張しようとしたかの政治的役割を追求し「明治絶対主義の危機にさいして福沢は、政府のための籠絡政略を——のちの改進党の党綱領を、書きおろしたのである」と説いた。そして「わたくしが確信することは、福沢諭吉の節操と人格は、彼の思想体系と全行動がけっして民主主義でなく、けっして十八世紀のイギリス人そっくりでなく、いわんや純粋な英米流の新興資本主義イデオロギーでも、典型的市民的自由主義でもなく、ただ終始一貫して絶対主義にぞくしていたという観点のみが、よく論証に耐えうるということである」と結論した。

第二類は、政治・経済・社会の各領域の具体的問題にたいする態度と批判の方向を基礎づける思惟方法と価値意識に、福沢の思想の特色を求めようとする視点である。その先蹤は、大正期にプラグマティズム哲学を説いた田中王堂の『福沢諭吉』(大正四年)である。彼はこういう。「固陋に執着する者と、破壊に狂奔する者とは、両極端に立ち、改造を計画して居る者は、其れの中間に立つやうに想はれるが、其の実は、決してさうではない。是の場合に於て、真に反対する位置に立つて居る者は、一方に、執着の徒及び狂奔の徒と、他方に、改造の徒とだけである。或は、保守的となるか、或は、破壊的となるかは、たゞ当人の気質の相違より来たつて居るのであつて、時勢を察し、時務を裁する聡明と手腕とを欲いて居る点に於て、両者共に全然同一である。獨り、是れと反対の位置に立つ者は、時勢を察する聡明と、時務を裁するの手腕とを有つが為めに、現状を尊重しながら、それを改造して行く現実的の者だけである」と。この現実を尊重しながら、改造を計画しているものが福沢であるとする。そして彼の生活の見方には、⑴実験的なること、⑵作用的なること、⑶進化論的なることの特徴があり、「あらゆるものゝ意義、又は、価値は一つとして絶対的に固定のものはない。其れは、悉くそれを利用しようとする態度、又は、興味に依つて始めて定まるのである」という特質を指摘し、その帰結として「彼れの計画はいつでも徹底的であったが、決して、急進的でなかつたことは極めて自然であると思ふ。是れが、又、彼れをして民衆の煽動者たらしめずして、国民の啓蒙者たらしめた所以である」と説いた(本書第三章は『明治文学全集』第八巻福沢諭吉集に再録されている。本引用はこれによる)。

この田中の見解をいっそう発展せしめたのが、丸山真男氏の論である(「福沢に於ける『実学』の転回」『東洋文化研究』第三号、昭和二二年、「福沢諭吉の哲学―とくにその時事批判との関連―」『国家学会雑誌』六一巻三号、昭和二六年、『現代日本思想大系』第三四巻近代主義に再録)。すなわち福沢の「実学」の主張について、学問の実用性といった卑俗な現実的功利精神、卑俗な唯物主義、あるいは自然科学偏重思想と理解する通説に反対し、その独自性は実験精神にあらわれる主体的理性の覚醒のもつ行動的性格にあると見た。彼の思惟方法の特質は、価値判断の相対性の承認にあり、事物の価値を事物に内在する性質とせず、つねにその具体的環境への機能性によって決定してゆくというプラグマティックな流動性にあり、この点の強調は、人間精神の主体的能動性の尊重とコロラリーをなしていると論ずるのである。

第一類と第二類とのちがいをもっとも端的に示すものは、福沢の思想のいわゆる「限界」のとらえ方である。第一類の場合は、福沢が、人民の立場に徹し切れず、急進・革命を支持しえなかったことを、羽仁氏のように「挫折」と考えるか、服部氏のように絶対主義思想家の本来と考えるか、いずれにせよ、この点を析出することに重点をおくのである。これにたいし第二類の論は、第一類のいう「挫折」「不徹底」の面をも、その独立自尊の反封建的主張の根底にある思惟方法の中に統一的に理解できるとし、価値判断の相対性の主張、また実験的精神の必然的なあらわれと見るのである。

右の相違と関連するが、第一類は、何らかの意味で、福沢の思想が歴史的情況の推移の中で変化した（それが変節であるか、たんなる変説であるかは結論を異にしているが）と考えるのにたいし、後者は発言の外へのあらわれの変化にかかわらず、思惟方法の構造は異ならないことを強調するのである。丸山氏は「本稿（前掲「福沢諭吉の哲学」―著者註）は、福沢の生涯を通じて一貫した思惟方法を問題とし、彼の思想の時代的変遷や推移はそれ自体としては取り上げられていない。福沢の思想や立場にもともと時代に応じての発展もあり変容もあった。そうした変化はある場合には、彼の基本的な考え方にもかかわらず起った変化であり、他の場合には、基本的な考え方ゆえに起った推移である。後の場合は当然本稿のテーマに触れてくるわけであるが、前者の場合は一応本稿の視野の外に置いた」と注意ぶかくことわった。たしかに思惟方法をとりあげ思想構造の内面に立ち入ろうとすれば、基本的な思惟方法は一応保持されているにもかかわらず、主張の姿勢と主張の内容が変化し、したがって思想の歴史的役割が変移したことを考察の外におかなければならない。思想の変化という課題をとりあげるとすれば、考察の視点は、第一類に近づかざるをえないからである。

私は彼の思想の変化――変化の内容がどのようなものであるかはⅡ以下で検討したいが――が

あったことを重視する観点をとりたいと考える。丸山氏の指摘するように「社会、政治、文化のあらゆる領域にわたる具体的批判はすべてその時々の現実的状況に対する処方箋として書かれて居り、そうした具体的状況から切離しては理解出来ぬ性質のもので」あり、その現実的情況は、封建社会から近代社会へ、近代的改革から帝国主義的反動へという激変を経過していた。福沢の言葉を借りれば、彼の一生において、まさに二つの時代ないし三つの時代を経験したのであった。しかも彼が、急進にもあらず反動にもあらず、まさに漸進主義者たる地位を持ち、これによって明治国家の進路の指導者として終始したというおどろくべきことがなぜ実現されたかを考えるならば、具体的情況の変化に不断に対応しえた変移、「彼の基本的な考え方にも拘らず起った変化」にこそ、福沢の思想の特質があったと考えざるをえないのである。

羽仁氏は、福沢の思想における進歩と挫折とを判然とふるいわけ、彼の本質をあくまでも前者にみとめた。そして福沢が日清戦争を野蕃にたいする文明の義戦として支持した点について「日清戦争の昴奮によつて書き或は言動したところを以つて思想家としての彼の思想を根本的に規定」することに反対し、「人をまた思想を、その健康に於いて公平に於いて強健なる時に於いて判断せずして、病に於いて熱狂に於いて弱くなつて居る時に於いて判断するもの」と批判した（前掲書）。しかし日清戦争義戦論は、突如として一時の昂奮として発言されたのではない。本書の以下の叙述で明らかにするように、その十年前の『脱亜論』（明治一七年）や『東洋の政略果して如何せん』(明治一五年)でその論旨は準備され、さらに溯れば『時事小言』(明治一四年)で「天然の自由民権論」は「正道」とみとめながら、我はあえて「権道」たる「人為の国権論」に従うとのべた思考に淵源すると考えられ、そうした考え方は、羽仁氏のいう「健康にして力にみちて生活し活動し思想し発表したところ」の『文明論之概略』の主張にも相通ずるものをもっていた。そうだとすれば、進歩と挫折とを截然と弁別し、これが彼の本質だ、あれが一時の混迷・逸脱だと区分しきることはできないだろう。

彼の考え方には一貫するものをもっていた。だから彼を体系あり原則ある思想家だということができる。しかしまた『文明論之概略』と『時事小言』と『脱亜論』と日清戦争義戦論とを同一視し、同じ思想が情況の変化によって表現の仕方を異にしたのだと見ることはできない。段階を追って、量の変化から質の変化に転化したと考えぬわけにはいかない。丸山氏は後日の別稿(『福沢諭吉選集』第四巻解題、昭和二七年)で、国際政治論における質的変化が国内政治論にも重大な影響をあたえたと論じ、「国内政治論においては、基底となっている政治原理自体には大体において連続性があり、ただそれを具体的状況に適用する際に強調点が異って来るのであるが、これに対して国際政治の場合には、立論の変化は必ずしも具体的状況に対する処方箋の変化にとどまらずに、ヨリ深く地殻の論理自体にまで及んでいる。しかも福沢において一貫して国際的観点が国内的観点に優先していたために、国際政治論の推移は必然的にその国内政治論に対する衝撃《インパクト》の変圧を齎さざるをえない。彼の全政治思想の色調の時代的変貌はまさにここに起因するのである」とのべた。

私も彼の思想に、「地殻の論理自体」にまで及ぶ変化があったと考える。しかし国内政治論ではほぼ連続性があるが、国際政治論では変化があるという丸山氏の理解の仕方には疑問を感ずる。福沢の思想の特色は国内政治論と国際政治論、あるいは民権の主張と国権の主張とが、密接な内面的関連性をもち、それを自覚的に操作していたことにあった。たしかに彼は、生涯、ほぼ一貫して外事優先の論を説いていた。しかしそれは単純に「国際的観点が国内的観点に優先していた」というのではない。一方では国権のための国民の自由・自立ないし官民調和の主張をするとともに、他方では民権ないし官民調和のための国権の主張があり、この両様の連関の仕方がたえず入れかわる中で、国内政治論および国際政治論を展開してきたのである。国際政治論の論理旋回の理由は、国際環境の変化だけからは解くことはできず、国内政治情況とそれへの彼の姿勢の変化から理解するほかはない場合に一再ならずぶつかるのである。地殻の変化は、国内政治論にも起こっているのである。

羽仁氏と丸山氏は、その歴史観と分析方法が対蹠的といっても良いほどちがっている。それにもかかわらず、福沢の本質を近代民主主義思想家と結論づけることには共通していた。それは二人の問題意識が、戦前のファシズムへの批判・抵抗から出発しているからである。国民の自由・

自主を抑圧しての国家主義の強制、国民の私的活動・私的生活、思想・道徳の内面的領域にまで干渉及ばざるところなき官の権力と権威の無限の膨脹、価値の多元性をみとめぬ思想・学問の統制の強化、近代の弊害の克服をいいながら、歴史の動きに逆行する復古主義の主張、そうした天皇制ファシズムの風潮にたいする批判として、近代創始の原点たる自主・独立・自由の思想を福沢の思想の検討をとおして論述したのである。

いったい、今日にあって数十年前の福沢の思想を考察するとは、どのような意味をもつのであろうか。私は二つの態度があると考える。もとより両者は関連しあうのだが、やはりニュアンスの相違があり、これが歴史的評価の仕方に影響をあたえているのである。第一は今日の国民に残された文化遺産として受けとることである。福沢の思想において、私たちが生きたもの、意味あるものと受けとることのできるものは何であるか、福沢の思想から何を学びとり現代に生かすことができるのか、そうした態度からその著作に接し理解しようとするのである。丸山氏は、思惟方法と価値意識の特質を探り出すためには、表面にあらわれた言説そのものよりも、そうした言説の行間にひそむ論理をヨリ重視することが必要であるとして、「そのために私は彼の論著を一度バラバラに解きほぐして再構成する方法を採らざるをえなかった」とのべた（前掲「福沢諭吉の哲学」）。まさに主張・論旨の再構成、それによる解釈のしなおしという方法が不可避となるのである。羽仁氏もまた、福沢の永い執筆期間の著作から、課題ごとに、論点ごとに、主張の部分部分を集め整理することをとおして、進歩と挫折をふるいわけた。やはり羽仁氏なりの解体と再構成の作業が分析の中心をなしているのである。

もう一つの態度は、福沢の思想の検討をとおして、その時代の思想の動向・特色、ひいては歴史全体の動きを明らかにしようとするのである。もとよりそうした歴史の検討がいかなる現代的意義をもつのかと問われれば、前者に接近することとなるのだが、当面はそれを直接の課題とせず、少し極端にいえば、福沢の思想をもって、歴史の発展を明らかにするための史料として考えるのである。この場合はできるかぎり論著をバラバラに解体することを避けることとなる。なぜなら歴史考察の基本である年代を大切にし、年次の異なる発言の比較検討をとおして、福沢の思想の中に反映する歴史の動きをとらえようとするからである。とくに論理の近似にもかかわらず、思想の質的変化がおこったことを追求しようとすれば、同一とも見える論理が、それぞれの著作の中でどのような位置を占め、いかなる主張の土台となっているかが明らかにされなければならず、そのためには、一つ一つの著作について編年的にしかも総体として検討を加える必要がある。

どの歴史論も、この二つの立場のいずれかに截然と分けられるものではない。理想をいえば統一さるべきであり、事実どの歴史研究でも両者がとりいれられているのだが、やはりどちらかに重点がおかれるのは、今日の思想史研究の水準からすれば、やむをえないことである。本書では、どちらかといえば、後者の方向に留意した。前者については、すでに羽仁氏・丸山氏のすぐれた成果が公にされているので、それを補う意味で、そうした視点をことさらにとったのである。たとえば、政治権力に社会的価値が集中している現象を批判して官尊民卑の弊害を打破しようとする論旨は、明治初年から晩年の明治三〇年前後の時期にいたるすべての論著に一貫して表明されているが、これが『学問のすゝめ』や『文明論之概略』の全体の構成のなかでもつ意味と、『藩閥寡人政府論』（明治一五年）または『政治社会を如何せん』（明治二三年）の場合の役割とでは、きわめて大きな幅で異なるのである。この差違をあくまでも追求したい。つまり独立自尊の主張は、彼の主観においては変わらないのであるが、それにもかかわらず、その主張をふくむ彼の発言総体がもつ客観的役割には大きなへだたりが生じているといわなければならない。いつ、いかなる契機によって、この変貌が生まれたかを明らかにしたいのである。

この点を分析するために、福沢が権力と人民との間の基本的対抗関係にたいしてとった位置を軸に、それぞれの著作がもつ役割を、内容の思想と関連させながら検討してゆくつもりである。彼は官にもあらず民にもあらざる中間の立場に立つことを常に口にしていた。その中間の立場は、官と民との対抗の推移の中で、それを敏感に反映しつつ動揺しつづけた。その動揺は、中間の立場というものに必然的に随伴するものであるが、とくに情勢にたいし積極的にはたらきかけようとする主体的意欲が強ければ強いほど、情勢への見とおし如何によって不断に影響をうけざるをえなかった。そのかぎりで福沢の立場と姿勢とは年一年、著述の一作ごとに、目まぐるしく変わる外観を呈する。私が叙述のわずらわしさを気にしながら、あえて外観の変化を逐一追いかけたのは、権力との関係が、緊張と弛緩との動揺を重ねながらずるずると変化をとげていったのが、彼の立場の特色であると判断したからである。

私はかつて明治初年の福沢の立場を次のように要約した。——「彼等(明六社同人—著者註)の中で最も節操ある在野的立場を堅持し、それだけに封建への批判が徹底していた福沢にあっても、彼の本質は、近代市民革命的なものではなく、やはりあくまでも啓蒙専制主義的なものであった。ただ欧米思想をすぐれて主体的に取り入れ、原理原則ある体系的思惟たらしめ、かく思想を日本の現実の諸条件に密着した生きた思想たらしめることによって、明治国家の前進を内側から能動的に支える国民的(庶民的)精神を創り出したところに、その独自の意義があった。福沢をしてこの限界に止らしめたものは、人民の革命的な力を結集する近代市民階級の欠如であった」(『明治維新』三〇三ページ、昭和二六年)——。

ブルジョア自由主義と天皇制絶対主義との関連、これまた本書で解こうとする課題である。福沢は欧米のブルジョア革命がそのまま日本で再現するという考え方を批判した。明治維新によって生み出された天皇制権力がいかなる歴史的性格をもつものか、天皇制の指導する近代化がいかなる特質をもつかは、戦前の日本資本主義論争以来の論争課題である。私は明治二二(一八八九)年の大日本帝国憲法によって規定された国家体制の樹立をもって天皇制権力の確立と理解するが、その権力の本質は絶対主義であったと考える。しかしヨーロッパの一六・一七世紀にあらわれたような古典的絶対主義とは、いちじるしく異なり、その役割は一九世紀半ばの世界史的条件——産業資本主義の成熟期で、独占資本主義段階の前夜——によって強く規制されていた。古典的絶対主義であれば、私が福沢の思想について指摘した「明治国家の前進を内側から能動的に支える国民的（庶民的）精神を創り出」すことが、一人の思想家の生涯をかけるほど重大な政治的・思想的課題となるはずはないのである。福沢の思想と権力との関係を考察することをとおして、天皇制権力および明治国家の性格を考えてみることも、本書がめざした課題の一つである。

くりかえすが、II以下では、福沢の思想を年次を追って考察し、したがってその根拠とする史料もその時期のものに限定した上で、何を引き出すことができるかを検討してゆくこととする。

II　幕臣としての進退

1　藩・幕府との関係

慶応二(一八六六)年の第二回長州征伐の際、福沢諭吉は、外国の兵を借りても、長州藩を征服せよという建白書を書いて幕府要路に提出した。このことは、福沢の性格と思想とを知る者にとって、おどろくべき言動だといわなければならない。彼は、わが国の独立をはかるを終生の目的とし、外にたいし国権を張るためには、内の争いを停止せよと主張した。それが彼の思想の核心だと考えられているからである。

それだけではない。『福翁自伝』7は、幕末における彼の行動と心情について、つぎのようにのべているのである。

「藩に居て功名心と云ふものは更らにない、立身出世して高い身分になつて錦を故郷に着て人を驚かすと云ふやうな野心は少しもないのみか、私には其錦が却て恥かしくて着ることが出来ない。(中略)藩の政庁に対しては誠に淡泊で、長い歳月の間、只の一度も建白なんと云ふことをしたことはない。能く世間にある事で、イヤどうも藩政を改革して洋学を盛んにするが宜いとか、兵制を改革するが宜いとか云ふことは書生の能く遣ることだ。けれども私に限り唯の一度も云出したことがない、ソレと同時に自分の立身出世を藩に向て求めたことがない」

また同じ自伝で「私は幕府の用をして居るけれども、如何なこと幕府を佐けなければならぬと云ふやうな事を考えたことがない」といい、幕府の門閥・圧制・鎖国主義は嫌いでこれに力をつくす気はなく、さればとて勤王家は、幕府よりいっそうはなはだしい攘夷家で、こんな乱暴者を助ける気はもとよりなかったとのべた。戊辰戦役のときも、彼は「官軍」にも「賊軍」にも偏せず党せず、上野の戦争の最中にも慶応義塾での講義をやめず、「此塾のあらん限り大日本は世界の文明国である、世間に頓着するなと申して、大勢の少年を励ましたことがあります」と誇らしげに語っている。この「政治に関係しない顚末」の強調は、たびたびの勧誘をしりぞけて明治政府に仕えず、独立自尊をモットーに、在野の立場に終始し、現実の政治的対立をこえた、より高所からの政治の批判者、明日の建設のための教育者という学者の任務を説いた福沢の言にふさわしいものとして受けとられている。

『福翁自伝』は、彼が脳溢血の大患にたおれる同年の明治三一(一八九八)年に発表されたもの、自叙伝の当然のこととして、後年から見ての自己の過去への弁解修正が加えられているはずである。まず第一に、幕府を佐ける気持はない、藩政改革を建白したことがないという自伝の記述は、事実に合致していない。

慶応二年の幕府への建白は「此御一挙にて全日本国封建の御制度を御一変被遊候程の御威光相顕候様」、すなわち幕府を中央集権権力化そうとする幕府擁護論であった。そして藩政については、慶応元(一八六五)年一〇月『御時務の儀に付申上候書付』という建白20を中津藩要路に差出している。その要旨は、尊王攘夷派を非難し、御家(藩主)の儀は将軍へ忠節をつくすべきだと説き、武備充実は西洋流とすべしと論じたものであった。そして慶応二年二月中津藩の有力者嶋津祐太郎に「国家の弊を救ふも是亦書生の関する所と存候」「憂国の者は又之を救ふの策を説かざるべからず」17と書き送っているように、藩と幕府への建白は積極的意欲的なものであったと考えざるをえない。自分が封建制にたいしいかに批判的であったか、なぜ明治政府に仕官せず私塾での教育と世の啓蒙のための著述に全力をそそいだか、その説明としては、自伝の記述はつじつまがあっている。しかし少なくとも慶応元、二年についていえば、事実に合致してはいない。この事実についてまったく言及していない自伝は、故意にかくしているか、一生から見ればとりあげるに足りない偶然的些事として軽視しているかどちらかである。いずれにしても、彼の後年の主張から顧れば、この二つの建白は逸脱であったと考えていたであろうと推測される。しかし本書が解こうとしている課題――彼の学問・思想と権力とのかかわりあい――からすれば、この建白事件の考察から出発せざるをえない。

福沢の家は豊前中津藩の家禄十三石二人扶持の下級藩士であった。「私の為めに門閥制度は親の敵《かたき》で御座る」という言葉は有名であるが、中津では門閥制度のため身動きできない、「唯この中津に居ないで如何かして出て行きたいものだと、独り夫ればかり祈つて居た処が、とうとう長崎に行くことが出来ました」。故郷脱出のための長崎行き、これが洋学に入るきっかけとなり、大阪の緒方洪庵の適塾で、蘭学を本格的に勉強することとなったと『福翁自伝』は記した。明治一九(一八八六)年、洋学を学ぶこととなった動機について、医者になるつもりもなく、誉れを郷党に得る見込みもなく、身を利するあてもない、なぜ洋学を辛苦勤学したかと尋ねられれば返答に困るが、一歩を進めて考えれば「当時横文を読むの業は極めて六かしきことにして容易に出来難き学問なりしが故に之を勤めたることならん」と語り、「真理原則の佳境に入」ることの喜びを目的とする、つまり学問のための学問であったと説明した(『成学即身実業の説、学生諸氏に告ぐ』10)。この説明は、さきの自伝の「政治に関係しない」「錦を故郷に着て人を驚かすと云ふやうな野心は少しもない」という記述と照応する。しかしこれまた後年の回顧談、そのままを事実と見ることはできない。

福沢が学んだ緒方洪庵塾をはじめ洋学私塾は、洪庵の言葉にあるように「当今必要の西洋学者を育て」ることを表看板としており、塾生の多くは、学成れば、所属藩に帰って登用され、あるいは幕府に諸藩に仕官を希望して取り立てられたのである。彼が適塾にあったのは、洋学の必要性が幕府や藩から承認されるようになったペリー来航後の安政二(一八五五)年から同五年まであった。洋学の政治的有効性を意識していなかったと考えることはできない。

もっともその登用また仕官において、洋学者が自分の才幹をのばす地位と環境をあたえられたかといえば、必ずしもそうではなかった。福沢は、万延元(一八六〇)年幕府が咸臨丸をアメリカに派遣した際、軍艦奉行木村喜毅の従僕という名義でやっと乗船の機会をえ、帰朝してのち、幕府の外国方に雇われ、外交文書の飜訳の仕事に従事した。ついで翌文久元(一八六一)年の幕府の遣欧使節派遣には、反訳方という下級随員として加わり、欧州各地の文物を視察することができた。すでに渡米の経験をもつ福沢が、この欧州行きに大きな抱負をもち、西洋文明の真相を理解すべく、いかに各方面の見学に意欲的かつ精力的であったか、自伝や『西航記』19にくわしくのべられている。ヨーロッパからの書翰には、視察の成果について「此まで書物上にて取調候とは百聞不若一見の訳にて、大いに益を得候事も多く御座候」と意気軒昂と語り、諸外国の事情を考察するに、本邦もこれまでの制度を変革せずしては相すまず、中津藩でも軍制を西洋風に変革する必要があり、「私儀も微力の所及は勉強仕、亡父兄の名を不損様仕度丹心に御座候」と申し送っている(文久二年四月嶋津祐太郎宛17)。とくに注目すべきはロンドンから「欧羅巴在留中段々外国の事情も探索いたし大いに益を得候事も有之、何れ帰府の上は、御屋敷え建白仕候積に御座候」（文久二年五月17）と、藩主への建白書提出の意図があることを義兄今泉郡司にもらしている点である。このとき洋学で学んだ知識と洋行でえた見聞は、ただちに現実の政治への実効をもたらすものと期待していた。自伝のいうように、「政治に関係しない」主義にあったわけではなかった。

ところが翌年帰朝してみれば、抱負を実現できるどころではなかった。この年から翌文久三（一八六三）年にかけては攘夷運動の全盛期であり、洋学者は生命の危険さえ感じる時勢「マア〳〵言語挙動を柔かにして決して人に逆はないやうに、社会の利害と云ふやうな事は先づ気の知れない人には言はないやうにして、慎める丈け自分の身を慎んで、ソレと同時に私は専ら著書飜訳の事を始めた」（『福翁自伝』）と回顧されている。

「唯用心に用心して夜分は決して外に出ず、凡そ文久年間から明治五、六年まで十三、四年の間と云ふものは、夜分外出したことがない。其間の仕事は何だと云ふと、唯著書飜訳にのみ屈託して歳月を送つて居ました」という自伝の記述は、それにしても誇張した文章である。というのは、攘夷の嵐の吹きすさぶ謹慎の生活は二年と続かなかった。文久三（一八六三）年八月一八日の政変の後、長州藩を中心とする尊攘派の勢力が後退し、幕府と公武合体派の勢力が勢いをとりもどし、開国の気運は徐々に開けた。陽の目は彼の上にもめぐってきた。元治元（一八六四）年正式の幕臣となり、外国奉行飜訳方を命ぜられ、百俵高、勤役中五十俵増高を給された。陪臣から直参へ出世したのである。しかしと後年の福沢は弁解する。「固より之が為めに栄誉を博したるに非ず、人情一般西洋の事物を穢なく思ふ世の中に、此穢なき事を吟味するは洋学者に限るとして利用せられ」たにすぎないのだと(前掲『成学即身実業の説』)。つまり他人に嫌われ他人に得がたい技術の持主として登用され利用されたにすぎないというのである。たしかに幕末洋学者の登用には、こうした一面があった。佐久間象山の有名な言葉「東洋の道徳、西洋の芸」に見られるように、道徳＝治世とは別の、西洋の技術摂取のための洋学者の登用であった。しかし当年の洋学者の実感からすれば、その地位は年々高まり、自己の学識が治世に影響する途は逐年ひろがっていた。論吉の身上でも例外ではなかったはずである。

2 征長建白書の提出

慶応元(一八六五)年になると、福沢は『海岸防禦論』(一八六一年、アメリカ人「マジョルバルナルト氏」著述)の訳稿を仙台藩に差し出し、また英字新聞『ジャパン＝ヘラルド』の訳文を諸藩の江戸留守居に提供して報酬をえている。そしてこの年閏五月には『唐人往来』1を脱稿した。これは、日本国中の学者はもとより、あまり物知りでもない人までも、何か外国人が日本国を取りにでも来たように、鎖国の、攘夷のと唱える蒙をひらこうとしたものであった。啓蒙は、権力にたいする批判としてでなく、権力の政策にのる立場からであった。洋学の知識を政治に生かせる希望が出てきていたことは明らかである。そして前記『御時務の儀に付申上候書付』を中津藩要路に提出したのは、この五ヵ月後であり、尊王攘夷派が「内心は不測の禍心を抱」く、つまり幕府に敵対する意図をもっていることを真正面から非難したものであった。この慶応元年一〇月という時点は、第一回長州征伐の真最中であり、幕府にとって外交上の大障害となっていた条約勅許の懸案がやっと解決したときであった。いわば尊王攘夷派が悲境のどん底にあり、これにたいし、洋学者は隠忍自重の状態をぬけ出す希望をもったときであった。幕府の洋学校である開成所教授方加藤弘之が、鎖国の非を説き、貿易をすすめることを主張した『貿易問答』を刊行したのも、この年である。福沢が藩政の建白からもう一歩すすめて幕政の建白にのり出したのも、彼の心情の推移から見て、また情勢の展開から見て、決して不自然な、あるいは偶発的な行動と考えることはできまい。ヨーロッパ視察から帰国の暁、とるはずの行動が、国内情勢から、たまたま慶応元、二年までのびて実現を見ただけだといえるだろう。

ここで本題の征長建白書に移ろう。慶応二（一八六六）年七月二九日、福沢は、彼が師事していた元軍艦奉行木村喜毅を訪ね、『長州再征に関する建白書』20を示した。木村は九月六日京都で老中小笠原長行に会い、福沢の建白書を提出した。しかしすでに八月二一日には、将軍家茂の喪を理由に、征長休戦の御沙汰書が朝廷から出ていたから、建白書は時期おくれのものとなっていたが、木村は、ともかくも福沢の頼みによって取り次いだのであろう。小笠原は長州藩征討についての強硬派で、フランス公使ロッシュとの交渉の衝にあたって、フランスとの提携策をすすめていた幕閣の中心人物であった。福沢の建白書は、その内容からして、渡るべきところに渡ったということができる。

外国の兵を借りてでも――その外国はこの時点ではフランス以外にはない――長州藩を征討せよという、福沢の意見は突飛なものではなく、当時の幕府内部の有力意見と合致していた。慶応二年五月のこと、勝海舟が幕閣内親仏派の中心である勘定奉行小栗忠順に会ったところ、小栗は「政府(幕府―著者註)、仏郎西に托して金幣若干・軍艦幾隻を求む。到着次第、一時に長(長州藩―著者註)を追討すべく、薩もまた其時宜に応じこれを討ん。然して後、邦内にまた口を容る大諸侯なし。更に其勢に乗じ、悉く諸侯を削小して郡県の制に改めんとす」との秘策をうちあけたという(勝海舟『開国起源』下)。また同年六月二五日、小笠原長行はロッシュ公使と密議して、フランスからの軍艦・大砲の援助方を交渉している。こうした幕閣内の密議をどこまで福沢が知っていたかわからないが、外交文書の飜訳にあたっており、また幕仏軍事提携の噂が当時相当広範囲に流れていたことから察して、幕閣の動きと福沢の建白とが無関係なものであったとは考えにくい。前記六月二五日の小笠原とロッシュとの密議は『新聞薈叢』に収録されているが、この書物は柳河春三・加藤弘之・箕作麟祥ら開成所の教授方であった洋学者たちがニュースをもちよって作製したものである。もちろん二〇名ほどの同人以外には秘密にされていたのであるが、これが同じ洋学者仲間の福沢に直接か間接か伝えられたと考えることはあながち無理な推測ではあるまい。

幕仏交渉では武器買入れが問題にとりあげられているが、福沢の建白書には、さらに一歩すすめて「外国の兵を御借被成」ることが提案されている。その目的は何か。長州をはじめ異論を申し立てる大名を制圧し、これによって幕府が全日本国封建の制度を一変するほどの威光を顕わすことが目ざされた。封建制度を一変していかなる国家とするか。福沢英之助宛書翰(慶応二年一一月七日17)によれば、「大君《たいくん》のモナルキー」すなわち将軍を国王とする統一国家の建設が企図されていたことがわかる。しかしこれは彼の独創ではない。前に引用した小栗の案、ことごとく諸侯を削小して郡県の制に改むという意見にそうものであった。

福沢は建白書のなかで、最近新聞紙上に伝えられる大名同盟説をはげしく非難した。幕府との現行条約を廃止し、あらためて大名同盟との間に新しい条約を結ぼうとする案で、イギリス公使パークスも支持しているが、もしこの説がひろまり、列国が動揺することとなれば、幕府の浮沈はいうまでもなく、全日本国内の争乱の基を開くであろう――こう警告している。国際情勢の知識をもつ幕府支持者として自分を売り込んでいるのである。ところでこの大名同盟説は、おそらくは慶応二年四月下旬のころ『ジャパン＝タイムズ』紙上に掲載された横浜イギリス領事館附通訳官アーネスト＝サトーの論説で、のち『英国策論』と題して和訳刊行され、これをもとに薩長など倒幕派が幕府専制を否定する論拠としたものをさすのであろう。

この建白書の論旨のなかで、後年の福沢の思想に通ずるものを探すとすれば、つぎの点であろう。大名同盟説を非難し「大君のモナルキー」を主張した理由について、彼はこう説明した。

「同盟の説行れ候はゞ、随分国はフリーにも可相成候得共、This Freedom is, I know, the freedom to fight among Japanese. 如何様相考候共、大君のモナルキに無之候では、唯々大名同志のカジリヤイにて、我国の文明開化は進み不申、今日の世に出て大名同盟の説を唱候者は、一国の文明開化を妨げ候者にて、即ち世界中の罪人、万国公法の許さゞる所なり」(前掲慶応二年一一月、福沢英之助宛書翰)。

藩割拠制を改めて統一国家を樹立することは、洋式軍備の拡充を期する上からも、外交を円滑有効にするためにも緊要であることは、幕府側も反幕府側も、その指導者にあっては共通の認識になっていた。この統一国家の君主を将軍とするか、それとも将軍の専制を否認して天皇をかつぎ出すかの二つの政治路線の対抗が、当年の政治抗争の焦点となりつつあり、大名同盟説は後者につながり、これにたいし福沢は幕臣の立場から前者を主張したのである。福沢らしさといったのは、この点にあるのではなく、前記書翰の文言に示されるように、「我国の文明開化」をすすめるという目標にもとづいて、大君モナルキー論を立てた点である。政治判断の基準を文明開化においたことでは、数少ない洋行経験者の一人として福沢は先覚者であった。

しかし同時にこの建白書には、福沢らしからぬ点、すなわち後年の主張と一見いちじるしく不調和な点がある。それは、外国の兵を借りて長州征伐を実行した場合、その代償として外国から政治的軍事的権益が要求され、わが国の独立が危くされるという危険を感じていなかったのではないかという疑いである。独立がおかされれば、文明開化の目標は達成されないという点は、十年後の福沢の論説で力説されたことである。明治一〇(一八七七)年七月、福沢が起草して中津藩士族有志の名で政府に提出した建白書20は、西南の役を休戦すべしと主張したものであるが、文中つぎのようにのべている。

「竊に聞く、旧幕府顛覆の日、或外人は之を助けんと云ひ、尚維新の初めにも或る外人は横浜・東京に於て往々幕府恢復の説を唱へて人を教唆したること有りと。今日西南の賊(西郷隆盛軍—著者註)、仮令外国の援を仮るの念なきも、狡獮たる外人は此際に乗じ利を射んが為め、彼等の奸謀を運らして、直に之を助けざるも之に銃砲を貸し弾薬を売る等、非常の不都合を醸すことなきも未だ期す可らず。若し斯の如き大事に至ては、啻《ただ》に国体を辱むのみならず、或は恐くは再び救ふ可らざる釁隙を共間に開かんことを、臣等実に憂苦に堪へざるなり」

借兵討伐の建白をした当人が「竊に聞く」と他人ごとのように狡猾な外人の援助申出の例を引いた、その意識はいま問わぬとして、すでに統一国家の基礎ができた明治一〇年においてかく外国干渉の危険を強調した。ところがこれと比較にならぬほどその危険性が大きかったはずの慶応二年には、そうした危機感をもっていなかったように見える。その証拠には、征長建白書を書いた前年の筆『唐人往来』1では、列国がわが領土の侵略を企てているとの考えを否定し、列国は交易を求めているのだと弁じた。そして中国と英国との衝突については、清朝が「己惚の病」をもち鎖国攘夷の政策をとったため自業自得で窮境におちいったとし、阿片戦争について、世界中で英国を咎める者はなく、ただ唐人を笑うばかりだと評している。そしてポルトガルの例を引き、小国といえども、政事正しく外国と交わるに実意をつくせば、大国の侵略をうけることなく、かりに理不尽の侵略を受けたときは、他の大国が援助して独立を守ることができるのだとのべた。すなわち一方では「世界普遍の道理」つまり「万国公法」の支配にしたがうかぎり安全だと考え、他方で列強間のバランス・オブ・パワー、相互牽制の効果に期待をかけていた。後者については、福沢は、外交文書に接することで、英対米、英対露、英対仏の列強相互間の対立の事実について相当の知識をもっていたはずであり、この見地からすれば、外国の軍事援助をうけても、その国の侵略は自他の力で防ぐことができると見込んでいたのだろう。

それにしても欧米強国の動向についての評価がきわめて甘かったことは否めない。『唐人往来』はいう、五大州中、アフリカ・オーストラリヤは、住民も生まれつき知慧少なくして「下国」であり、これにたいし「上国」たるヨーロッパは、繁昌して学問も武術も格別世話ゆきとどき、安楽にして国強しと。彼の著書のなかで最初にひろく読者をあつめた『西洋事情』初編1は、征長建白書提出直前の慶応二年六月下旬の脱稿にかかるが、英国の植民地支配についてのべ、英国が盛大であるのは領地が広いゆえと思うのは大きな誤解であるといい、海外領土はかえって本国の勢を弱くするものだ、英国が富強文明にぬきんでているのは、地理の便、産物の豊さと、人材の多くして政治の公正であるによるのだと論じた。こうした国際情勢判断からは、欧米列強のアジア進出を植民地化の危機と感ずる見方が生まれるはずはない。欧米列強の要求に応じて開国することが、わが国を文明開化たらしめる要件であり、これに反して攘夷を主張し、一国の文明開化を妨げるものは「世界中の罪人、万国公法の許さゞる所」という結論が出てくるわけである。書物からえた知識と二度の洋行で眼のあたり見聞した驚嘆が大きかっただけに、彼の立場と眼は、欧米列強のそれとなってしまっていた。そして日本の富強化のために制度・文物を西洋化しなければならぬという主張に急なあまり、欧米とアジアとの比較においても、幕府と反幕派とにたいする評価においても、単純に開国＝開化と鎖国＝保守との対抗という形でとらえ、前者を無条件にほめあげ、後者を無条件に蔑み憎むという一面的判断におちいっていた。

3　読書渡世の一小民

慶応二年の福沢諭吉の姿勢――政治に積極的にかかわろうとし、それも権力者の主流の動向にいち早く適合して、自分の学問知識を生かそうと欲し、そして文明開化の必要のみを説いて、日本の独立という課題を見出すことのできなかった――は、いったいいつ変化するのだろうか。自伝にいう「王政維新の始まり、其時に私は少しも政治上に関係しない」という姿勢が何を契機に、いつはじまったのか。

慶応三(一八六七)年一月、福沢は幕府軍艦受けとりのため渡米する勘定吟味役小野友五郎の随員となって三度目の洋行に出発した。そして六月帰国したが、翌七月には、渡米中の行動に不都合の廉ありとの理由で、謹慎を命ぜられた。自伝では、船中で同じ随員の洋学者仲間の尺振八に向かって「ドウしたって此幕府と云ふものを潰ぶさなくてはならぬ。抑も今の幕政の様を見ろ。(中略)自分が其局に当って居るから拠ろなく渋々開国論を唱へて居ながら、其実を叩いて見ると攘夷論の張本だ(後略)」と酒を飲みながら大言壮語したのが重役の耳に入った、これが一因だと記している。この処罰の原因については、告発者である小野友五郎の申立書も、被告である福沢の弁明書もともに『福沢諭吉全集』20に収録されていて検討することができるが、要するに滞米中の洋書買入れをめぐる手筈の行き違いと感情のもつれである。しかし本書の考察には直接関係する事柄ではない。問題は、藩にたいし将軍に忠節をつくせと建言し、幕府にたいし「大君のモナルキー」を建設せよと建白した、その翌年、酒席の放言とはいえ、幕府を倒すべしと主張する政治的立場の大転換があったのかどうかである。この自伝のエピソードも疑わしいと思われる。

慶応三年一月七日に、幕府のイギリス留学生の監督川路太郎と中村敬宇にあてて、将軍慶喜の弟徳川昭武のパリー万国博覧会への派遣、将軍の各国公使との会見を報じ「未曾有の御盛挙、感激に不堪、難有御時勢に御座候。此模様にては文明開化、日を期し企望すべく、既に此節にても大名同盟論抔は何となく痕跡を消し申候」[17]と書き送った。これは問題の渡米の直前である。文明開化日を期して企望すべしという幕府の評価は、自伝とちがってすこぶる高い。したがって自伝にあるような、文明開化の実現のためには幕府を倒さなければならないという決意とは逆に、依然として大名同盟論には反対である。時に新将軍慶喜が慶応三年初頭に試みた幕政改革はめざましかった。永井尚志ら旗本開明派の登用、欧米の内閣制度を模した幕閣職制の改革、兵式の洋式化などの施政は、反対派の岩倉具視・坂本竜馬・木戸孝允らからも高く評価されたのだから、福沢がこの時点の幕政を目して開国への進歩と評価したのは、無理からぬことである。もともと反権力の思想を福沢は持ってはいなかった。洋学の有効さを為政者にみとめさせること以上のことを考えていたと推測できる史料はない。

こうした幕府支持の姿勢に変化が見られるのは、現存書翰の範囲では、慶応三年一二月一六日すなわち大政奉還(一〇月一四日)・王政復古(一二月九日)後の書翰(福沢英之助宛[17])が最初である。「昨年は御承知の通り余程開化に赴くべき様子に有之候処、近日は少し跡戻りの形勢にて」と批判的態度を示すと同時に「小生輩世事を論ずべき身にあらず、謹て分を守り読書一方に勉強いたし候」と、政治からの逃避の心境をのべている。自伝に記す、政治には口出しせず教育著述に専念するという境地への接近が明らかに見られた。この変化の原因に、前記したアメリカからの帰国後七月から一〇月末まで謹慎を命ぜられたことがあったことは疑いない。問題の一二月一六日付の書翰の内容は、イギリス留学中の門弟福沢英之助が監督に無断で渡米する意図をもらしたのに反対することであり、「外国え長く滞留いたし候得ば、自然に彼国の風俗に慣れ、何事もフリーを望候様相成候得共、日本に生るれば日本の風俗有之、如何ともすべからざるもの有之、若しこれを破るときは其身生涯の不幸は申迄も無之、所謂禍父兄に及ぶと申場合に至るべく」と自重を求め、自分が罪なくして厄をうけたとのべ「世の中の形勢大抵これにて御推察可被成」と、くれぐれも慎重を期せられたいと忠告した。前に引用した、小生世事を論ずべき身にあらず、謹んで分を守り読書一方に勉強しているとの文言は、右に続く箇所に記されているのである。ここに彼の偽わらぬ心境の変化が語られている。英之助への忠告は、同時に諭吉みずからの反省であった。洋行を三回もし、彼国の風俗に慣れれば、その風俗通りにありたい、そうできると思いこんでしまう。しかし日本には日本の風俗があり如何ともできないのだという述懐、欧米と日本、理想と現実、そのへだたりの大きさを骨身にしみて思い知ったのが、この「意外の難災」の体験であった。これが、この後の彼の思想の性格を意識下において規定した原体験といった役割をもったと思われる。政治への嫌悪、政治へのおそれ、その政治から何歩か退いた立場から啓蒙評論する、そこに「分を守り読書一方に勉強いたし」との処世の立脚点を見出したのであった。

この謹慎と逃避の生活のなかで、彼は飜訳と著述に専心した。そして著書の売行きは良く、『西洋事情』『西洋旅案内』『条約十一国記』の偽版が出る有様、これにたいし西洋の「コピイライト」の例をひいて概嘆し、「斯る形勢にて、小生も著述の商売は先づ見合、他に活計の道を求可申と覚悟致居候」とのべた明治元(一八六八)年閏四月一〇日付書翰(山口良蔵宛17)を見ると、このころ著述を商売とする意志があったことがわかり、また同年四月には塾を鉄砲洲から芝新銭座に移し、慶応義塾と名づけ、授業料の制度を創めたことから、学校経営に本格的にうちこみだしたと考えることができる。そして六月初めには徳川家へ暇願いを出すとともに、たびたびの新政府の出仕の命をも病と称して辞退している。彼は攘夷派薩長が作った維新政府に好意を寄せなかった。自伝に「今度の明治政府は古風一天張りの攘夷政府と思込んで仕舞たからである。攘夷は私の何より嫌ひな事で、コンな仕末では仮令ひ政府は替つても迚も国は持てない。大切な日本国を滅茶苦茶にして仕舞ふだろうと本当に爾ふ思うた(中略)。コンな古臭い攘夷政府を造て馬鹿な事を働いて居る諸藩の分らず屋は、国を亡ぼし兼ねぬ奴等ぢやと思て、身は政府に近づかずに、唯日本に居て何か勉めて見やうと安心決定したことである」と書いているが、相変わらず誇張はあるとはいえ、こうした維新政府観を当初もっていたことは、当時の書翰からほぼ推量できることである。しかしこのことよりいっそう重要なことは幕臣・新政府役人たることをともに辞することによって、武士としての政治へのかかわりあいを思いあきらめたことであった。

明治元年六月七日の書翰（山口良蔵宛17）は、今後のあたらしい生き方の宣言とも見ることができる。「最早武家奉公も沢山に御座候。此後は双刀を投棄し、読書渡世の一小民と相成候積」。支配者身分たる武士の地位と特権から去って、市井の一小民への転身。この転身を思い定めた時、前年一二月の書翰にある「小生輩世事を論ずべき身にあらず」といった消極的な姿勢ではなく、武士ではできぬ「読書渡世の一小民」としての任務の自覚が出てきたのである。そのことを同じ六月七日の書翰のなかでこうのべている。兵禍のため読書の場はただ弊塾一所、これも昨年に比すれば生徒の数は三分の二を減じ、日本国中の文学十分の九は消滅したと思われると歎きながら「然ども国の為めに謀て爰に一策なきにあらず。天下の文運斯く衰微に及候処、独醒の見を以て独り文事を盛に行ひ、世の形勢如何を問はず専ら執行可致と存候。数年を出ずして必ず国家の為め鴻益を奏すべし」との決意を披瀝し、これを同志に伝えられたいと申し送っている。ついで翌七月『慶応義塾之記』19を起草し、洋学の歴史から説きおこし、洋学は人として学ばざるべからざるの要務、「天真の学」であるとし、この学問勉学に志す者の任務は重かつ大であると説いたのである。同じとき執筆された『中元祝酒之記』19は、『慶応義塾之記』の版本に附されたものであるが、これにもふたたび元気をとりもどした彼の気概を見ることができる。この変動戦乱の時節に、我が義塾同社の士は、志業を変ぜず日夜勉学講義につとめること常時に異なることなく、新聞もこれを聞くを喜ばず、世間の情態また何様たるを知らず、社中みずからこの塾を評して天下の一桃源と称しているとのべた。そして我輩の所業は、その形は、天下の士君士が専ら世事を執掌し武器をとるという世情と相反するに似ているが、その実は天道の法則に従って天賦の才力を用いるにほかならぬものであるから、此彼の間毫も相もとることはないのだと言い切っている。世事から逃避して身を慎むとのべた七ヵ月前とは非常な違いであり、政治や干戈を専らにする武士とまったく対等の「読書渡世の一小民」の独自の任務に誇りをもつことを宣言していた。

ここに福沢の思想の飛躍的発展の鍵があった。明治二(一八六九)年刊行した『世界国尽《くにづくし》』2の序は「天下の禍福は、其源蓋し他にあらず、国民一般の知愚に係ること推して知るべきのみ。今爰に世界国尽の著あるも、専ら児童婦女子の輩をして世界の形勢を解かしめ、其知識の端緒を開き、以て天下幸福の基を立んとするの微意のみ」とのべた。「国民一般の知愚」にかかわる一般教育、とくに児童婦女子の教育をめざした最初の著作である。市井の小民の立場に立つことにおいて、はじめて「国民一般」の問題が彼の関心の焦点となることができた。儒学が批判されるべきなのは、それが支配者の政策にとってもつ意味、鎖国・攘夷を結論するからであるというだけではない。根本は「国民一般」の思想にとってもつ意味のゆえである。紀州藩の教育振興を説いた松山棟庵宛書翰(明治二年二月17)は、漢学者の学問はわずか数十巻の書を数百度も繰り返すにすぎず、「所得は唯スレーブの一義のみ」と非難して、「其一身を売奴の如く処しながら、何として其国を独立せしむべきや、何として天下の独立を謀る可きや。小生敢て云ふ、一身独立して一家独立、一家独立、一国独立、天下独立と。其の一身を独立せしむるは他なし。先づ知識を開くなり。其知識を開くには必ず西洋の書を読まざるべからず」と論じた。明治三年一一月の『中津留別の書』20は、「一身独立」とは自主自由の天性の発揮と規定し、「人の自由独立は大切なるものにて、此一義を誤るときは、徳も修むべからず、智も開く可らず、家も治らず、国も立たず、天下の独立も望むべからず。一身独立して一家独立し、一家独立して一国独立し、一国独立して天下も独立すべし。士農工商相互に其自由独立を妨ぐべからず」と説いた。

こう見てくると、後述の彼の主著の一つ『学問のすゝめ』の論旨の基本、「一身独立して一国独立する事」との有名なテーゼは、すでに明治二、三年の交にうち出されていたということができる。そして学問とは、国学や儒学のように「古風を慕ひ実用に遠きことを主張する」ものではなく(『洋学私塾を勧奨すべし』明治三年20)、一国独立の基礎たる一身の独立を達成するためのものである。紀州の豪商浜口儀兵衛宛の書翰(明治二年二月17)は、こう論じている。

「兎角人に知識乏しく候ては、不羈独立の何物たるを知らず、一身の独立をも知らざる者を相手に為し、何ぞ天下の独立を談ずべけんや。方今の急務、先づ文明開化抔の話は姑く擱き、人民知識の端を開き候義と奉存候」

実学の主張、一身独立の基礎としての知育の重視という点でも、すでにこの時点で立論していた。そして注目すべきは「文明開化抔の話は姑く擱き」とのべていること、すなわちこれまでの福沢の著述が西洋の事情や欧米の学問の紹介にとどまっていたが、いまや人民の知識の開発につくすのが、方今の急務であるとしているのである。摂州三田の藩知事九鬼隆義宛書翰（明治二年一一月17）には、こういっている。

「世の文明よりも一身の文明専一と存じ、他は顧るに暇あらず候。洋学校御取建被成候はゞ、治人の君子を御引立相成候より、為人治の小人を導き候よふ御注意被遊度、方今世の中には治国の君子乏しきにあらず、唯欠典は良政府の下に立ち良政府の徳沢を蒙るべき人民の乏しきなり。下よりこれを求めざれば上よりこれを施さゞるも亦宜なり。災害下より起れば、幸福も亦下より生ぜん。小民の教育専一と奉存候」

世の文明より一身の文明、一身の独立が大切だという。そして人を治める君子の育成よりも、人に治められる小民の教育が基本だとすすめる。その勧告は同時に、彼自らの努力の方向を表明したものであったろう。この考え方こそ、『学問のすゝめ』の基調であった。一国の独立から一身の独立におよぼす、世の文明開化から一身の文明におよぼす、治者の育成から被治者の教化におよぼす、そうした維新政府的開化政策のあり方を逆転し、一身の独立、一身の文明、小民の教育と、いわば「下より」とらえかえしたことこそ、福沢の啓蒙の本領であった。この逆転は、慶応三年から明治元年にかけて、「武家奉公」を放棄し、自己を市井の「小民」の位置におくという、彼の生き方の転換が生み出したものであったことは明らかである。

それにしても、こうした画期的な思想を提示した明治二、三年の交とは、彼にとってどのような時点であったのであろうか。この点は現存史料の範囲内では必ずしも明らかではない。明治二年一月、薩長土肥四藩主版籍奉還を上奏、六月逐次これが実現する一方、五月の箱館の戦を最後に戊辰戦役が終りを告げ、これ以後三年にかけて、維新政府の指導のもとに各藩ともいっせいに藩制改革に着手した。その改革は、中央権力の統制を強めるとともに、家格制度をゆるめ禄制の差等をちぢめるなど封建的特権を自粛制限するものであった。「御一新」の時勢の波にのることではじめてできた荒療治であった。この時期の藩制改革の趣意書・意見書などには、「四民平均」「自由」「平等」といった、外国風の新奇な言葉がさかんに用いられた。土州藩では大参事板垣退助を中心に、士族の文武の常職をやめて家禄を廃止し禄券を支給するなどの改革をはじめたが、その時の告諭(明治三年一一月)には「夫れ人間は天地間活動物の最も貴重なるものにして、特に霊妙の天性を備具し、知識技能を兼有し、所謂万物の霊と称するは、固より士農工商の階級に由るに非ざるなり」という書き出しではじまっている。そして今回の改革の目的は「人々をして自主自由の権を与へ、悉皆其志願を遂げしむるを庶幾するのみ」とのべ「畢竟民の富強は即ち政府の富強、民の貧弱は即ち政府の貧弱、所謂民あつて然る後政府立ち、然る後民其生を遂ぐるを要するのみ」と結んだ文章であった。

「自主」「自由」「平等」の主張は、福沢の専売品ではなかった。維新政府の官僚たる武士の手で、藩主・藩士の特権の縮小をおこなわざるをえない、それなしには下級武士や庶民出身の兵士(いわゆる草莽の士とよばれた浪人をふくめ)の不満や、明治二、三年の百姓一揆激化に示される農民の反抗をおさえることができぬという矛盾が、伝統的な思想とまったく対蹠的な外来思想の権威をかりることを必要としたのである。福沢の『西洋事情』(初編は慶応二年、外編は明治元年、二編は三年刊)が、著者の意外とするほどの売行きを見せ、偽版が出たため、新聞紙上に広告して版権(コピイライト)の観念を啓蒙したほどであったが、これまた彼の思想が時勢の主流に対抗したためでもなく、時勢からはるかにぬきんでていたためでもなく、まさに時代の要求に合致し、時勢の進みにのっていたからである。ただ前述したように為政者の姿勢にそのまま身を寄せていたのではなく、被治者の立場に向かって働きかけようとしたことが、世の通例の啓蒙的洋学者と異なるところであった。幕府の倒壊に引きつづいて、藩体制の解体化の進行、幕藩制的秩序――家格・身分制度、鎖国制度およびそのイデオロギー――の崩壊、従来の支配階級たる武士階級の存在価値の崩壊、そうした急湍のごとき情勢の激変になすところなくおし流されていく一般の情況にたいして、「一身の独立」「一身の文明」を唱え、「国民一般」は何をなすべきかという主体的課題を提示しようとつとめたことにその思想の独自性があった。「良政府」の徳沢は、上よりこれを施すを待つべきものにあらず、まず下よりこれを求めざるべからずとする、前記九鬼隆義宛書翰は、彼のこの時点での姿勢を端的に語っていた。

もとより彼がめざす人民の啓蒙とは、ただちに勤労民衆を対象とするまでに至っていなかった。明治二、三年に全国各地で激発する百姓一揆について一言も言及されていないのはその証拠だということができるかもしれない。彼の訳著書の読者は当面士族にほかならなかった。三年二月、洋学に力を入れる三田藩九鬼家の註文で『世界国尽』二〇〇部を納入し、代金二一二両を受け取ったし、隆盛期を迎えた慶応義塾の学生が英学普及の時勢にのって、藩や府県の学校に争って招聘されたといった事例が示すように、やはり権力の側の開化政策の庇護の下にあったといわなければならない。しかし座して権力から俸禄をえることには生活を賭けても反対した。「利禄は人の欲する所、小生と雖も其禄はほしく思ひ候。独り如何せん、一片の天理、仮令ひ君公一万石の禄を半にして五千石を給せらるゝとも、理を棄て禄を取ること能はず」(明治二年八月、服部五郎兵衛宛書翰17)。理は利を超越する。功なくして禄をむさぼることはできない。一身の自主独立とは、士族にとって、まず俸禄寄食からの自立であった。慶応義塾を芝新銭座から三田に移すとき、岩倉具視や政府高官の斡旋で、東京府からその土地を福沢に貸し下げられることとなったが、形の上では東京府の依頼で、欧米各国の警察制度を飜訳調査した代償として、この特権をえることとした。ギブ・アンド・テイク、この生活態度は、この後の彼の生活にも保持し続けられた。

藩の「スレーブ」たる位置から自由になったとき「天下の独立」が自覚された。「我が日本国は世界中の一国にて、政の体裁は外国の某の国に比すれば如何、その国の君に比すれば我国の天子は何の如きもの、我国の諸侯は西洋封建時代の何に当る抔と、大抵胸算用の出来候までにいたし度き事なり」(明治二年二月、松山棟庵宛)と教育の抱負をのべたが、天皇・大名を外国の類似のものと対比しえたことは、同時に自国も他国も「世界中の一国」と相対化し、それをまともに批判する眼をもつことができたことでもあった。

明治三年の『洋学私塾を勧奨すべし』20では、外国人のうち不正の輩は我を視ることなおわが蝦夷人を御する如く、これを愚にしこれを貧にし、わが国人の文明開化におもむくを好まずと指摘し、洋書を読み欧米の事情を察し「世界の公法を以て世界の公事を談ずるの場合に至らば、外人も亦我を視ること蝦夷人の如くするを得ざるべし。是即ち和漢洋三学の得失を問はず、唯洋学を急須とする所以なり」と論じた。洋学の習得の急務は、国の独立のためである。彼は洋学一天張りを主張したのではない。和漢洋三学におのおの利害得失はある。それをみとめた上で、一身の独立、一国の独立の急務からして、洋学を急須としたのであった。

「世界の公法」への信頼にも同じ論理が基底にあった。明治元年刊の『西洋事情』外編は、イギリスの書店チェンバース (William and Robert Chambers) から出た *Political Economy* の飜訳であるが、このなかでは、万国公法について「万国必ず此公法を守る可しと命を下すに非ざれども、国として此公法を破れば、必ず敵を招くが故に各国共にこれを遵奉せざるものなし」としながら、他方では、パワー・ポリティックスの現状を直視し「各国政府の不正強暴を制して全くこれを止む可きの方術あることなし。是即ち天下の戦争の止まざる所以なり」といい、「各国自立して其本国を守り所領の地を失はざるは多くは兵力の然らしむる所なり」と、独立のための軍備の必要を記した。それならば万国公法は不要か、文明の学は無力かといえばそうではない。「文明の教を以ては未だ戦争の根源を止るに足らずと雖ども稍や其惨毒を緩にす可し」といい、「各国互に其人民の為めを謀て相助け此彼相頼て国を建るの勢を得たり」とのべ、その力を承認していた。イギリス正統派経済学者にふさわしい自由主義経済思想や民主主義政治思想を説いたこの書にも、一九世紀半ばの帝国主義段階開幕前夜という国際情勢が、影をおとしていた。そしてこれを訳述した福沢もこの指摘に無自覚ではなかったであろう。その上での一国独立のための洋学普及の緊急の主張であった。

かくて後述する『学問のすゝめ』『文明論之概略』の主要な論旨の骨骼は、すでに明治二、三年の交に形成されていた。それが明治四(一八七一)年以降でなかったということは、注目すべきことである。情勢を先取りしたという点で彼の先覚者であることの証明だということもあるが、やはり既存の権力が解体し、しかも新しい権力がまだ樹立されていない時点が、福沢をして「小民」の立場に立ち、惑いなからしめたのであり、統一国家体制のできた四年以降には、思想の論述に深化を見た反面、権力との関係で筋を通すことを困難にする事情が生まれてくるのである。

III 『学問のすゝめ』と『文明論之概略』

1 一身独立して一国独立す

福沢の主著の一つ『学問のすゝめ』3は全体で一七編から成るが、福沢の言によれば毎編およそ二〇万とすると、あわせて三四〇万冊が国中に流布したはずであるという(『福沢全集緒言』1)。書物が貴重な当時、一冊の本が何人かに回覧されたであろうから、その国民思想にあたえた影響はおどろくべきものがあった。ところで福沢は、初編を明治五(一八七二)年二月刊行したとき、続編を出すことは予定していなかったらしい。初編の売行きが意外に良かったので、二編以下を書きつぐこととなったと思われる。したがって、この書は全体としては、体系的な著述ではなく、各編はおおむねその時々の筆者の関心から主題がえらばれていること、初編の刊行から最終の一七編刊行(九年一一月)まで四年九ヵ月かかっていることから、これを一括して論ずることは適切ではない。とくに一〜三編と四・五編、六〜一〇編とそれ以下とは一応グループわけして考えてみる必要があるだろう。

そこでまず初編の内容を紹介しよう。おもな論点は、つぎのとおりである。

(1) 人は生まれながら貴賤上下の差別があるはずはない。ただ学問を勤めて物事をよく知る者は、貴人となり富人となり、無学なる者は、貧人となり下人となる。

(2) これまでの学問は「世上に実なき文学」「実に遠くして日用の間に合はぬ」ものであった。人たる者が貴賤上下の区別なく学ぶべきものは「人間普通日用に近き実学」でなければならぬ。この「実学」を学んでこそ、「身も独立し家も独立し天下国家も独立す」ることができる。

(3) 学問をするには分限を知ることが肝要である。自由自在とのみ唱えて分限を知らなければ我儘放蕩におちいる。

(4) 自由独立は人の一身にあるのみならず、一国の上にもある。国と国との交際には、天理人道にしたがって互の交りをむすび、国の恥辱とあっては、日本国中の人民は命を棄てて国の威光を落さぬことこそ、一国の自由独立というべきである。

(5) 人の一身も一国も天の道理にもとづき不羈自由である。しかしながら人たるものは、それぞれ身分があるから、身分に従って相応の才徳がなければならぬ。身に才徳を備えるには、学ばねばならぬ。およそ世の中に無知文盲の民ほど憐むべく亦悪むべきものはない。愚民の上に苛き政府あり、良民の上に良き政府があるの理であるから、人民皆学問に志して文明の風に赴くことがあれば、政府の法も寛仁大度となるであろう。まず一身の行いを正し厚く学に志し、銘々の身分に相応すべきほどの智徳を備えて、「政府は其政を施すに易く、諸民は其支配を受て苦しみなきやう、互に其所を得て共に全国の大《(太)》平を護らんとする一事」が、我輩の勧める学問の専らの趣旨とするものである。

アメリカの独立宣言からとったと推定される、この書の書き出し、「天は人の上に人を造らず、人の下に人を造らずと云へり」に象徴されるように、全体にわたって四民平等、自由独立の主張が力をこめて説かれ、幕藩身分制下に育ってきた時人の思想に衝撃的な影響をあたえたことは明らかであるが、他面でそれらの批判的主張に続けて、必ずといって良いほど、しかしながらという限定を付し、貴賤貧富の存在、分限を知る必要、身分相応の才徳、人民徳義の説諭があり、秩序維持的色彩が勝っていたということができよう。とくに結びにあたる(5)項には、それが顕著である。

初編刊行直後の五年五月、「愛知県発行、福沢諭吉述、学問のさとし」と題する偽版が出たが、それは末尾の文章を改め、区戸長・里正・年寄らの区域支配の心得として、愛知県の庁旨により福沢氏に述べさせたのだという形にしているものである（『福沢諭吉全集』第三巻後記）。初編は正版二〇万、偽版をあわせて二二万部、当時の日本人口三五〇〇万にわりあて、一六〇人ごとに一部は買われたと福沢みずからのべているような、異常な売行きのなかには、この愛知県偽版のように、政府の意向を代弁するもの、当局の推奨するものとして受けとられた部数が多くをしめていたことは推察に難くはない。この点では二編〜七編(いわゆる楠公権助論をふくむ)の論旨の受けとられ方とは異なるのである。

初編の刊行後半年、学制が発布された。このとき太政官が出した布告文「学問は士人以上の事とし、農工商及婦女子に至つては、之を度外におき、学問の何物たるを弁ぜず、又士人以上の稀に学ぶ者も動《やや》もすれば、国家の為にすと唱へ、身を立るの基たるを知らずして、或は詞章記誦の末に趨り、空理虚談の途に陥り、其論旨高尚に似たりを雖ども、之を身に行ひ事を施すこと能はざるもの少からず」とのべたのは、『学問のすゝめ』初編の論旨とまったく同一であった。学制の制定にふかい関係のあった文部少輔田中不二麿は福沢に師事している間柄であったから、当時「文部省は竹橋に在り、文部卿は三田に在り」と評され、彼は文部行政の陰の最高指導者と目された。したがって『学問のすゝめ』が、学制の理論的解説書と見なされても不思議ではなかった。外からそう見られていたというだけではなく、彼みずからもそう自負していた。

この時期は、王政復古前後の時点とちがって、彼の明治政府にたいする評価は過大ともいいうるほどに大きかった。前日の鎖国攘夷論者が政権をとっただけに、はじめは何の期待もよせていなかったが、四民平等を旗印にし、廃藩置県を断行するにおよんで、予想を裏切られて驚喜した。

「当時吾々同友は三五相会すれば則ち相祝し、新政府の此盛事を見たる上は死するも憾なしと絶叫したるものなり」(『福翁百余話』)。そして維新政府が思い切って開化政策をとるのを見て「コリヤ面白い。此勢ひに乗じて更らに大に西洋文明の空気を吹込み、全国の人心を根柢より転覆して、絶遠の東洋に一新文明国を開き、東に日本、西に英国と、相対して後《おくれ》を取らぬやうになられまいものでもないと茲に第二の誓願を起して」、『西洋事情』以後の著述をしたという(『福翁自伝』)。この二つの史料はともに晩年の回顧談であり、おそらく誇張があるであろうが、明治四、五、六年の明治政府の施政に大きな評価をあたえるように変わったことは事実であった。

要するに『学問のすゝめ』初編は、政府批判、権力批判の書ではなく、明治政府の政策の革新的側面を支持し、その理解の仕方を国民一般に啓蒙しようとしたものであった。だから政府の開明的政策に反対する民衆にたいしては「己が無智を以て貧窮に陥り、飢寒に迫るときは己が身を罪せずして妄に傍の富める人を怨み、甚しきは徒党を結び強訴一揆などして乱妨に及ぶことあり。恥を知らざると云はん、法を恐れずと云はん」と、冷淡きわまる非難の言葉をあびせたのである。

この時点での彼の立場は、これまでの市井の一小民という立場そのままではなかった。依然として仕官せず在野の立場に止まっていたが、しかし同時に政府の施政を指導あるいは協力できる識見をもつという自信をもっていた。明治政府の開明的政策に照応すべき開明的人民の育成をめざすこと、そこに自己の学者としての任務を設定していた。開明的政策の実現に向かって、政府と国民一般とが利害を一致し協力しあうという可能性を信ずることができたし、国民をしてまず学に志し一身の独立をはからしめることによって、明治政府の開明性を一層強めることができるという成果を期待しうるとしていた。それは「御一新」とよばれるにふさわしい明治四、五年の時勢のみが産み出すことのできたものであった。

こうした姿勢――つきつめていえば、明治初期の啓蒙的絶対主義にたいする民の立場からする主体的協力を指導する立場――は、二・三編にも引き続いて受けつがれていた。

初編の要旨にも記したように、学問をするには、分限を知ることが肝要だと説く。この分限論は、二編以下でもくりかえし力説され、重要な論点となっている。分限という言葉は、もともとは自主自由とは対立的な、身分制社会に適応する概念である。しかし福沢にあっては、独自の意味内容を賦与して使われている。すなわち各人は生まれながら貴賤上下の差別なく、自主自由であるという前提に立って、その上で「其分限とは、天の道理に基き人の情に従ひ、他人の妨を為さずして我一身の自由を達することなり」と説明している。いわば分限とは、各自がおのれの自由の権利を行使するにあたっての社会的責任という意味である。したがってこの社会的責任＝「分限」を知るかどうかが、自由と我儘の分界をなすとするのである。国家の場合も、外国を夷狄視し、みだりに外国人をうち払おうとするごときは、「国の分限」を知らぬことで、一身でいえば我儘放蕩におちいるものであるという。

それならば一国の自由独立とは何か。

攘夷から開国への転換は、欧米列強の強大な兵力に屈したからでもない。富国強兵の目的からする西洋文明移植のための方便からでもない。いかなる国もひとしく自由独立の権をもっているという「天理人道」を実現する上で、国際社会の一員という「分限」からする行為であるととらえる。だから、国の分限を知るということと、国は同等であるという権義の主張とは相矛盾するものではなく、むしろ相表裏するものである。ここから三編の「一身独立して一国独立する事」というテーゼが出てくる。「国中の人民に独立の気力なきときは、一国独立の権義を伸ること能はず」と説き、独立の気力なき者は国を思ふこと深切ならず、内に居て独立の地位を得ざる者は外に在て外国人に接するときも亦独立の権義を伸ること能わず、独立の気力なき者は、外人に依頼して悪事をなすことありの三ヵ条にわけて論述した。この箇所の文章は、きわめて調子の高いものであり、非常な意気ごみで筆をとったと思われる。

二編「人は同等なること」と、三編「国は同等なること」「一身独立して一国独立する事」とは、相互に密接な論理的連関をもっている。この二つの編は、明らかに一つのまとまった論述である。それにもかかわらず、福沢が一身の独立について論ずる姿勢と、一国の独立を論ずる姿勢との間には、あるずれが存在していたことを見のがすことはできない。だから編を分けたとも見ることができる。三編論述の目的は、弱小国・後進国たる日本が、富強国・先進国たる欧米列強にたいし権義において平等であることを説くにおかれている。「我日本国にても今日の有様にては西洋諸国の富強に及ばざる所あれども、一国の権義に於ては、厘毛の軽重あることなし」との確信を国民にあたえ、近代国家の国民たるの自覚と責任をうながそうとする。そのかぎりで、ここでとりあげられる国際関係は、天理人道が貫徹する理念的なものであった。それは有名なつぎの文章に典型的に表明されている。

「天理人道に従て互の交を結び、理のためには『アフリカ』の黒奴にも恐入り、道のためには英吉利・亜米利加の軍艦をも恐れず、国の恥辱とありては日本国中の人民一人も残らず命を棄てゝ国の威光を落さゞることそ、一国の自由独立と申すべきなり」(初編)。

彼は権義の平等にもかかわらず、有様が同じではないこと、その貧富強弱の差違が現実の国際政治に力をおよぼしていることに眼を閉ざしていたわけではない。国は同等であるにもかかわらず、各国の不正強暴の事実があり、国の独立には武力が必要であることは、すでに『西洋事情』のなかで記述していた(四四頁参照)。しかしここでは、この側面はとりあげられていない。前述した三編の目的からすれば、必要はないからである。そして自国の富強の勢をもって貧弱な国に無理を加えることは、国の権義において許すべからざることだと強調する。そしてこの論旨が成り立つ前提には、一身においてもしかりという論理がある。まことに「人の一身も一国も、天の道理に基て不羈自由なるものなれば、若し此一国の自由を妨げんとする者あらば、世界万国を敵とするも恐るゝに足らず、此一身の自由を妨げんとする者あらば、政府の官吏も憚るに足らず」である(初編)。「貧富強弱の有様を悪しき道具に用ひ、政府富強の勢を以て貧弱なる人民の権理通義を妨る」(二編)ことなかれ。一国独立の基たる一身の独立とは、政府の富強の勢に屈することではなく、人民の権利を貫くことである。その主張は、つきつめれば「右は百姓町人に左祖して思ふさまに勢を張れと云ふ議論」にならざるをえないと福沢もみとめるのである(二編)。そう主張しきるならば、一身独立して一国独立すというテーゼの論理は、民主主義とナショナリズムの共存と結合という美しい理想として完結することとなる。しかし彼はそう主張しきることはできなかった。前記引用の後半部分を入れればこう記している。「右は百姓町人に左祖して思ふさまに勢を張れと云ふ議論なれども、又一方より云へば別に論ずることあり」と留保を付するのである。留保は、初編の場合と同じく、人民の職分として政府の法を守らざるべからずとの説教であり、人民もし暴政を避けようと欲すれば、速かに学問に志すべきだという、蜂起反抗回避の説論であった。一国の独立平等を主張することに何のためらいもなかった。しかし一身の平等独立を主張しきることができず、常にその主張に、身分相応の才徳とか、人民の職分とかの限定を付せざるをえなかったところに、福沢の発言の立場が政府への協力という一線をこえていないことを露骨に反映していた。その協力に在野者としての自主性が維持されていようとも、やはり人民の側に立っていたのでなかった。

総じて初・二・三編の論旨は、二通りの受けとり方を可能にする構成をなしていた。有様のちがいにもかかわらず権利は平等であるともいっているが、同時に権利の平等にもかかわらず有様は同じからずともいっている。権利は平等だが、学問の有無によって貧富貴賤の別ができると説く論旨は、有様のちがいを肯定しこれを根拠づける弁だと考えることもできるし、貧富貴賤の別を固定視してはならぬ、この差違を、学問を志し文明の風に赴くことによって変えてゆくことができるという積極的主張とも読みとることができる。前者の論旨が基調だと読みとる読者は、自由平等の主張の行きすぎと放恣をいましめる言と受けとるであろうし、後者の論旨を基調だと考える読者は、この書を自由・平等の聖典だと理解したであろう。この両様の読み方が本書の読者をおどろくべき多数たらしめた理由であった。

もろはの刀ともいうべき福沢の思想がいずれの側を斬るかは、彼の情況判断と論述の目的をどこにおくかによって、またその論旨をどう受けとるかの読者の理解いかんによって、決まることであった。五年八月刊の『童蒙教草』3の序には「大凡そ天下の事物一利あれば必ず亦一害なきを得ず」といい「清潔を貴ぶとは衣食居住に奢侈を極る者の口実なり。滋養を重んずるとは、酒食に耽るの遁辞なり。勇敢は乱暴に陥り、簡易は粗慢に流る」と説いた。そして一利をとるか、一害におちいるかは、分限を知るか知らざるかによるとした。すなわち清潔となるか奢侈となるか、自由となるか放恣となるか、それはその行為が一定の具体的状況のなかでもつ社会的責任のはたし方できまるのだが、同時に彼がその行為を自由と見、あるいは放恣と見なすことによって、何を主張しようとするかという目的の如何によって、評価は動くのである。

福沢は、常に複数の評価が成り立つ可能性をみとめており、その前提に立ってあえてその一つの評価を選択していた主体的な思想家だと受けとることもできるし、ある主張を表立ってした場合も、それを限定づけあるいは裏がえす弁解の辞＝退路をいつでも用意していた老獪な思想家だとも考えることができるのである。私はそのいずれもが一半の真実であったと思う。どちらの面がどの問題については主であったかは、その時々の福沢が現実の政治にかかわる姿勢の如何によってきまることであった。

2　学者の職分と人民の職分

初・二・三編が俗語を用い読みやすいものであったのにたいし、四・五編は性質を異にし、むずかしい文章であった。福沢は「学者を相手にして論を立てしものなるゆゑ」と説明した。その理由は、五編にあてた慶応義塾社中の会合での元旦の詞に明らかにされている。すなわち「国の文明は上政府より起る可らず、下小民より生ず可らず、必ず其中間より興て衆庶の向ふ所を示し、政府と並立て始て成功を期す可きなり(中略)。今我国に於て彼の『ミッヅルカラッス』の地位に居り、文明を首唱して国の独立を維持す可き者は唯一種の学者のみ」という、文明の指導者・担い手たるべき学者(知識人という意味)の任務とそのあり方を説くことを目的としていた。

彼が学者の任務をとくに強調したのは、わが国の独立、人民独立の気力がともに薄弱であるという現状認識からであった。けだし一国の文明は、学校・工業・陸海軍の制をととのえるといった形をもって評してはならず、「文明の精神」すなわち「人民独立の気力」という至大至重のものが備わっているかどうかにかかるのである。日本の現状は、学制・徴兵令・地租改正が実施され、文明開化の風潮は高まったが、政府が一切合財を施策する文明開化がすすめばすすむほど、文明の精神たる人民の気力は日に日に退歩におもむいている。政府は文明開化政策の成果をあげることによって、力と智を強めている。「古の政府は民の力を挫き、今の政府は其心を奪ふ。古の政府は民の外を犯し、今の政府は其内を制す。古の民は政府を視ること鬼の如くし、今の民はこれを視ること神の如くす。古の民は政府を恐れ、今の民は政府を拝む」。かくて「政府にて一事を起せば文明の形は次第に具はるに似たれども、人民は正しく一段の気力を失ひ文明の精神は次第に衰ふるのみ」と。文明開化の風潮が高まった背後に、文明の精神が衰弱する危機を感じとった福沢の眼力は鋭かった。政府の専制と人民の卑屈という関係が拡大再生産されて、一国独立の基礎たる人民の自主独立の精神が弱まると警告する。そしてこの情況を改めるために、学者は政府外にあって私立し、人民の依るべき目標を示さなければならないと強調したのである。

しかしこの任にあたるべき学者、とくに洋学者も頼みとすることはできない。その理由は、「此学者士君子、皆官あるを知て私あるを知らず、政府の上に立つの術を知て、政府の下に居るの道を知らざるの一事なり。畢竟漢学者流の悪習を免かれざるものにて、恰も漢を体にして洋を衣にするが如し」であるからである。いまの洋学者も依頼するに足らずとすればどうすれば良いのか。人民の気風を一洗して世の文明を進むるは、今日の洋学者のなかで、在野の我輩一人のみ、そういいきる四編の論旨は、世の学者・洋学者にたいする挑戦ともいうべきであった。こうした福沢の言が、明六社の結成とその参加に関係があることは明らかであろう。

洋学者の団体として啓蒙思想の普及に大きな足跡をのこした明六社結成の意図が、明治六年七月アメリカから帰朝した森有礼と西村茂樹との間で交わされ、ついで福沢らによびかけて作られたのは明治六年の末、ついで機関誌『明六雑誌』は七年三月に創刊された。『学問のすゝめ』四・五編は、ともに七年一月の刊行であるが、おそらくその執筆当時には、明六社結成の計画に彼が関係していたときであったろう。明六社の創立当時の社員は、森有礼・西村茂樹・津田真道・西周・中村正直・加藤弘之・箕作秋坪・杉亨二・箕作麟祥と福沢の十人であった。そしてこのうち政府の役人でないものは、福沢と箕作秋坪・中村正直の三名だけであった。学者は在野たるべし、官仕する学者は依頼するに足らずという四・五編の主張は、まさに明六社々員にたいする批判にほかならなかった。だから『明六雑誌』第二号では、加藤・森・津田・西のいっせいの反駁ないし弁解の論文がのった。その所論は、「国務モ民事モ倶ニ肝要タレバ、洋学者タル者其才学ニ随テ、或ハ官務ニ従事スル者モアリ、或ハ私業ニ従事スル者モアリテ、偏セザル方可ナル可シ」（加藤）、「官吏モ民ナリ貴族モ民ナリ平族モ民ナリ」（森）、「自主自由ノ気象ヲ我人民ニ陶鋳スルハ……在官私立ニ拘ラズ」（津田）、「均シク洋学者ト雖ドモ或ハ政府ニ在テ事ヲ助ケ或ハ私立シテ事ヲ成ス、共ニ不可ナル者ナシ」（西）とのべていたように（『明治文化全集』雑誌編）、官と民との対抗と均衡の関係を作り出すことの積極的意義、そのために学者が人民の指導者として在野でなければならぬという、福沢の主張の真の内容を理解してはいなかった。それだけに彼の発言は過激偏向に思われた。加藤が福沢の主張は「リベラール」にすぎ、「リベラール」にすぎれば、国権を衰弱せしめることとなる、「リベラール党」と「コムニスト党」とは、その論はまったく相表裏するがともに謬るものだと批判したが、学者在野論は、人民の側に立つ論と受けとられる一面をもっていた。

この四編の末尾に「世人若し確証を掲て此論説を排し、明に私立（学者在野論—著者註）の不利を述る者あらば、余輩は悦でこれに従ひ、天下の害を為すことなかる可し」とのべたように、駁論を期待した論争的態度であった。それだけにこの論旨には自信をもっていた。この時期の彼は、在野の学者としての著述飜訳の生活に自信をもっていた。緒方塾の同窓である平山良斎宛書翰（明治六年七月17）には、自分の生活について「活計は読書飜訳を渡世といたし、随分家産も出来、富有の一事に至ては在官の大臣参議など羨むに足らず、不羈の平民自由自在、唯政府の法を守て此世を渡り申候」を誇らしげに語った。在野の学者として暮しを立てて行くことはできる、商人となればそれができるし、それがもっとも良いと門下生に勧めていたのも同じところである。「今頃官員ダノ被雇教師ダノとて一年の所得五、六百のメクサレ金を何に用る哉、若かず商売の稽古して活計の目途を様々に用意せんには」と。彼の理想の学者像とはどういうものか。「私の説は、今の学者読書に耽る勿れ、書に耽るも酒食に耽るも其罪は同じ。唯有眼の人物にして始て読書中に商売を為し、商売中に書を読み、学で富み富て学び、学者と金持と両様の地位を占め、以て天下の人心を一変するを得べきなり」（明治六年七月、中上川彦次郎宛17）。

この二通の書翰には、多くの問題がふくまれている。彼が「不羈の平民自由自在」たりえている根拠は、富有の点では大臣・参議も羨むに足らぬほどの家産ができたとしていることである。だから門下生にも、読書と商売との統一、学んで富み富みて学ぶ生活をすすめたのである。後述するように、後日彼は、貧乏書生が学問を職業の自活に生かすことをせず、官に入ることのできぬ不平を自由民権運動への参加ではらそうとすることに強く反対した。前記書翰のなかにある言葉、いまの学者読書に耽るなかれとは、一面では、生活とかけはなれた空理空論におちいることをいましめたものであった。「世上に実なき文字」は、伝統的な儒学・国学についてだけではなかった。彼が「実学」として奨励する洋学においても、日本の現実、普通日用から遊離した西洋心酔におちいることをたえず批判していた。「西洋の文明固より慕ふ可し。之を慕ひ之に倣はんとして日も亦足らずと雖ども、軽々之を信ずるは信ぜざるの優に若かず」(『学問のすゝめ』一五編)。無為徒食して空理空論をもてあそぶ従来の学風にたいする排斥が、所与の日常生活への学問の従属、卑俗な実用主義にあったのではないことは、もちろんであった。

彼はこうもいっていた。「豈唯数巻の学校本を読み、商と為り工と為り、小吏と為り、年に数百の金を得て僅に妻子を養ひ、以て自から満足す可けんや」と。学問を米塩の資を得る手段とすることに甘んじてはならない。学者はその志を高遠にして学術の真面目に達しなければならない。生計もとより軽んずべからず、しかし少年がただ生計をこれ争うの勢となれば、学は成り難い。「学問に入らば大に学問す可し。農たらば大農と為れ、商たらば大商と為れ、学者小安に安んずる勿れ」(『学問のすゝめ』一〇編)。こう見てくると、前記中上川宛書翰にある「読書中に商売を為し、商売中に書を読み」が、学問と生活との安易な両立を意味していたのではなかったことは、明らかなことである。

それならば彼のすすめる「学者と金持と両様の地位を占め」とは、具体的にどのような生活であったのか。その金持とは、旧来の家業を墨守する金持ではなく、新しい職業、新しい経営を学問をもってきり開くような「大農」「大商」となることである。六年二月刊行の『帳合之法』3の凡例に「今此学者と此金持とをして此帳合の法を学ばしめなば、始て西洋実学の実たる所以を知り、学者も自から自身の愚なるに驚き、金持も自から自身の賤しからざるを悟り、相共に実学に勉強して、学者も金持と為り、金持も学者と為りて、天下の経済、更に一面目を改め、全国の力を増すに至らん乎」と記したが、西洋簿記の方法の導入がもたらす経営の変革、欧米機械・技術の採用によっておこされる生産の改革、こうした方向に向かっての学者と金持との協力による前進に明るい展望をもつことができたのが、文明開化・殖産興業の政府の政策とそれに呼応する世潮のおこった明治六、七年の時期の特色であった。福沢みずから、洋書・薬品の輸入販売を目的とする丸屋商社(丸善株式会社の前身)の設立・経営を熱心に指導しているという実績をもっていた。

福沢の学者在野論は、加藤が危懼したような「リベラール」にすぎるもの、国権を弱めるものでは決してなかった。国の文明は上政府より起こるべからず、下小民より生ずべからず、その中間たる学者より起こるということが、あくまでも立論の前提である。その学者が官に入り、政府の専制を強めるのに協力するか、それとも「金持」に結合し、国民の独立の精神を伸ばし官民の力を平均せしめる指導者となるかを問うたのであり、それは同時に学問の質、人の労働に寄食する立場に立ち、人を治めることをもっぱら目的とする従来の学問のあり方を変えようとするのかどうかを問うたのであった。しかしそのことは学者が「小民」と結合せよということを提言したのでなかった。つまり官・「ミッヅルカラッス」・小民の三階層があり、「ミッヅルカラッス」が、小民を啓蒙指導する位置に就くべきことを主張したのであり、この層と小民との任務の相違は、はじめから前提とされていたのである。

こう四・五編の論旨を読みとることで、六編「国法の貴きを論ず」、七編「国民の職分を論ず」の一見論調ががらりと変わる論述との間の矛盾が解けるように考える。

六編は、「政府は既に国民の総名代となりて事を為す可き権を得たるものなれば、政府の為す事は即ち国民の為す事にて、国民は必ず政府の法に従はざる可らず。是亦国民と政府との約束なり」と説く。そして軍隊を出動させるのも、外国と条約を結ぶのも、政府の権であり、この権はもともと約束で人民が政府に与えたものであるから、政府の政に関係のない者は決してそのことを評議すべからずとのべる。また人民は一国の家元で国を護るための入用を払うのはその職分であるから、その入用を出すことにつき決して不平の顔色をあらわすべからずと説教する。この論旨に関するかぎり、五編の人民の独立の気力振起の主張とは別人の観があり、もっぱら政府の立場に立っているように思われる。しかし五編は七年一月の刊行であり、六編は七年二月、七編は同年三月刊であって、引き続いて筆をとったものである。だとすれば、五編と六・七編との間に根本的な立場の転換があったと考えることはできない。福沢の思想を全面的に理解することの困難さがここにもあらわれている。

法は政府と人民との約束(契約)によって、その制定の権を政府に任せたのであるから、人民には遵法の義務があるという論旨は、くりかえし説かれているが、これがアメリカの学者ウェーランド(F. Wayland)の『修身論』(The Elements of Moral Science, 1835)の引き写しであることは、伊藤正雄氏がくわしく論証したところである(『福沢諭吉論考』昭和四四年)。では、欧米の近代民主主義国家の理念がそのまま日本の現実の政府と人民の関係にあてはまると福沢は考えていたのであろうか。たてまえと実質、理想と現実とを混同してはならないことを常に強調していた彼が、この誤ちをおかしていると考えることはできない。日本の現状は「近日に至り政府の外形は大に改りたれども、其専制抑圧の気風は今尚存せり。人民も稍権利を得るに似たれども、其卑屈不信の気風は依然として旧に異ならず」と、政府と人民との関係の実質が、旧に異ならぬことを四編ですするどくついていた。それにもかかわらず、ウェーランドの説をかりて、近代国家における政府と人民との関係についての理念をくりかえし説いた。そう説教することが「私立の人」として在野にあることが求められる学者の任務だと彼は考えていた。学者の議論は現在其時にあたっては功用少なく、多くは後日の利害にかかわるものだとは、七年六月の『人の説を咎む可らざるの論』19のなかの発言である。日本も文明化すれば、社会契約説的な国家になる、それが政府と人民の関係のあるべき姿であることを示すことで、現状がどう変わってゆくか、どう変えてゆかねばならぬか、その発展への展望のなかで、政府の職分と人民の職分のあるべき関係を解明したのであろう。それにしてもあまりに社会契約説の分量が多いため、人民の遵法の義務の説教が、六・七編の主旨であるかの印象をあたえていることは否みがたい。

しかし六編の執筆と同時期と思われるものに『国法と人民の職分』という七年一月の論考20がある。表題からして六・七編の内容の要約だと思われる。これは「悪法も人民の職分として守るべし」との議論を反駁して、人民の職分としては、法を吟味しこれを討論し、国安を害せずして之を改るの方便あれば、この方便を用いざるべからずといい、国法にたいしての人民の職分を論ずるのに、その法に従うか従わぬかの事実のみを見て判断してはならず、従うと従わぬとの方法如何を詳らかにして、はじめて職分をつくしているか否かの決をくだすべきだとした。法に従うから国民の職分をつくしたとはいえぬ、法に従う方法如何によっては、国民の職分にそむくこともなる。その逆に方法如何によっては、法に従わぬことが国民の職分をつくすことにもなるというのである。さらに彼はこうのべている。ひたすら己の情欲を抑制し黙して法に従うのと、過激乱妨の挙に出るのと、この両極端の間に幾多の元素があり、幾多の方便がある。国法にたいして人民が職分をつくす方法は、その時の事情に従って一様ではないのだから、この両極端の間を自由に活動し、取捨の明をもたなければならないというのが、本稿がもともと意図した中心論点であったと思われる。

この論旨をもとに、五・六編を読みくだいてみると、次のようになるだろう。

彼が法は貴く、国法は守らざるべからずと説くのは、第一には私裁の最悪なるものとしての暗殺を排撃したかったからである。暗殺は幕末以来しばしばおこなわれ、維新以後も横井小楠・

大村益次郎・広沢真臣ら高官の暗殺があり、暗殺者を報国の士とたたえる風潮が藩閥的対立にからんで政府部内にあった。これに彼はつよく反対したのである。「試に見よ天下古今の実験に暗殺を以てよく事を成し世間の幸福を増したるものは未だ曾てこれあらざるなり」。第二には、法を恐れずただ政府の役人を恐れ、表向き犯罪の咎がなければ内実罪をおかすを恥とせぬ世風を排撃した。これは人民一般に不誠実の気を生ずるというだけではなく、役人にたいする卑屈な態度になることに反対したのである。役人を恐れず法を恐れよ、法を守るも、悪法に無批判に屈従する必要なし、これが彼の言いたかった中心点であったろう。「人民は政府の定めたる法を見て不便なりと思ふことあらば、遠慮なくこれを論じ訴ふべし」。

問題の焦点はやはり「政府なるもの其分限を越て暴政を行ふことあり、こゝに至て人民の分として為す可き挙動」如何ということである。これが七編の後半部分である。それまでは、国法の尊重すべきゆえんを、あれこれ説いているが、そこに重点があるのではなく、暴政という極限情況の下でも、黙従と破壊の両極端の中間に最良の道を選択することができることを示す点にあった。暴政にたいし人民の分としてなすべき方途は三つある。第一は節を屈して政府に従うことであり、第二は力をもって政府に敵対することであり、第三は正理を守って身を棄てることである。福沢は第三の途「正理を守て身を棄るとは、天の道理を信じて疑はず、如何なる暴政の下に居て如何なる苛酷の法に窘めらるゝも、其苦痛を忍て我志を挫くことなく、一寸の兵器を携へず、片手の力を用ひず、唯正理を唱て政府に迫る」「人民の権義を主張し正理を唱て政府に迫り其命を棄て」る「マルチルドム」(殉教者)を、もっとも上策とした。第一の策が不可なのは、政府の命にこれ従う卑屈な気風を作るからである。第二の策が不可なのは、ひとたび悪政府を倒しても結局は「暴を以て暴に代え愚を以て愚に代るのみ」であり、内乱は人の心を残忍におちいらせるからである。力をもって政府に敵すれば、政府は必ずますます暴威を張り非を遂げようとする勢となるからだと説明した。

三編の一身独立して一国独立すというテーゼについて、丸山真男氏が「国内における抑圧からの国民的解放は国際社会における独立確保の前提条件である」とし、「個人的自由と国民的独立、国民的独立と国際的平等は全く同じ原理で貫かれ、見事なバランスを保っている。それは福沢のナショナリズム、いな日本の近代ナショナリズムにとって美しくも薄命な古典的均衡の時代であった」と評した(『福沢諭吉選集』第四巻解題)。この評価にたいして、安川寿之輔氏は反対する。その根拠は、『一身独立』の必要を力説した『学問のすゝめ』において、福沢が問題にしているのは、精神の独立(『独立の気力』)であり、『一身独立』＝『民権』の確立を可能にする客観的条件については、かれは、経済的条件についても、政治的条件についてもほとんど問題にしない」というにある(「福沢諭吉の教育思想」㈠『社会科学論集』第一号)。たしかに前述したように、このテーゼは、廃藩置県前の明治二、三年の交に主張されはじめたが、この時点ではいうまでもなく、四、五年の時期にあっても、「国内における抑圧からの解放」は、実質的には何一つ実現されていなかったし、将来実現する具体的条件も指摘されていなかった。しかし安川氏が「福沢の『近代ナショナリズム』の基礎としての『一身独立』は、経済的条件を不問に付し、政治的条件を欠落した精神的『一身独立』論であり、『唯一般人民の智力』の養成によって達成されるという『民権論』であることがわかった」と断ずるのは、少なくとも、『学問のすゝめ』七編までの時期に関するかぎり、福沢にとって酷な(歴史的条件を無視した)評であると考える。「一身の独立」の内容が、西洋の学問を学び独立の気象をもつということに重点がおかれていたことは事実であるが、一国の独立の条件たる一身の独立を実現するための方途が、彼の論述から欠落していたのではなかった。政府の暴政にたいする人民の抵抗はいかなる方法をとるべきかの問題が、人民の指導者たるべき学者の任務の検討に引き続いて論じられたのは、そのことを示していると考えることができよう。一身独立＝人民の権義を創り出そうとする意欲を、福沢はもっていたのである。

要するに六・七編の趣旨は、二つの意図が並立していた。一つは、国法は守るべきで、いたずらに反抗してはならないという民衆に自重を求める意図であり、もう一つは悪法悪政には黙従せず理をもって批判し訴えよという民衆に自主の精神を求める意図である。この二つの意図は、ともに現実の情勢に照らして切実であった。六年から七年にかけて、学制・徴兵令に反対し重税の軽減を求める農民一揆が各地に激発した。士族層もまた板垣退助を指導者とする民撰議院設立運動(七年一月)に、また江藤新平・島義勇らの率いる佐賀の乱(七年二月)にと、反政府運動に結集しようとしていた。二つの意図は福沢の主観において相乖離するものでなかったこと、いずれに重点をおいていたかといえば、後者にあると考えていたことは、これまで述べてきたとおりである。彼は、この発言を、常日頃の慎重な配慮を一歩ふみこえた大胆なものと考えていたことは、次の書翰(明治七年二月、荘田平五郎宛17)からも知ることができる。「学問のすゝめは第七編迄脱稿、此節は余程ボールドなることを云ふもさし支なし。出版免許の課長は肥田君と秋山君なり。大丈夫なる請人にて面白し」。出版物の事前検閲をする文部省の課長が慶応義塾出身者だから、安心して大胆なことをいうことができるというのである。そこには福沢の欠陥である権力にたいする甘い評価があるのだが、彼が主観的には「ボールド」な発言を思いきってしたつもりであったことは事実であった。

読者もまた、悪政に屈すべからず、正理をとって身を棄てよと説いた趣旨と受けとった。だからその過激をせめる世論がおこったのも、これまた当然のことであった。福沢を共和制論者、あるいはキリスト教信者で、国体を破壊するものと非難する投書が新聞にのり、脅迫状までまいこむこととなった。とくに論旨の大筋には直接関係していないが、七編中で言及された楠公権助論——文明に益なき死という点で、主君のため命を棄てた忠臣義士も、一両の金をおとして旦那にすまぬと縊死した権助と同じことだ——は、火に油をそそぐこととなった。そこで塾中の年長者は、当分著述を見合わすよう諫言したが、福沢はこれをことわり、弁明の文を変名——といっても明らかに執筆者は福沢とわかるのだが——で、『朝野新聞』に投書した。その内容は、楠公の誠忠義気はいうまでもないことだが、元弘・正中の時は、国内の問題であり、明治の事は対外問題なのだから、楠公の志は慕うべく、その働きは手本とすべからずと論じ、今の勁敵は隠然として西洋諸国にあり、我が国権の衰微なきを期さざるべからずと対外危機を強調したものであった。

これより先き『学問のすゝめ』一二編に予定したと思われる原稿を書いていた。『内は忍ぶ可し、外は忍ぶ可らず』19がそれである。

しかしこの草稿はついに刊行されることはなかった。おそらく『朝野新聞』に投書することとなりその論旨とこの草稿とが重複することとなったので、急に予定を変えて、「演説の法を勧るの説」と「人の品行は高尚ならざる可らざるの論」が一二編にあてられることとなったと思われる。ところで、前記草稿の内容は、次のようなものであった。初～一一編の要旨は「上下同権、共に日本国を守て独立を保たんとするの一事に在るのみ」と説明し、「世人の誤解を弁明」しようとしたことである。すなわち上下同権とは「有様を一にせんと云ふに非ず」とし、「妄に目上の者を犯して内々の争端を開くの趣意に非ず。詰る所は日本国中の人民をして共に與に国を守らしめんとて之を責るものなり」とのべた。すなわち有様のちがいにかかわらず権利は平等なりとの論旨から、権利は平等にかかわらず有様は異なるとの論旨に重点を移し変えることによって、官と民との立場のちがいとその対抗の主張を、官と民とのそれぞれの立場からする協力の主張に表現しなおしているのである。それは福沢の主張からすれば変説ではないとしていたのであろう。もともと両様の意味をふくめており、いずれの側を強調するかは、情況の如何、その情況にたいする彼の働きかけの目的如何によるという思想の特質からくることであった。しかし問題は、重点の移動、働きかけの目的の変化にともなって、必然的に附加されることとなる新しい論旨である。上下同権とは有様を一にしようとするものではなく、官と民とは立場と職分は異なる――この主張を前面に出すことから、上下同権にもかかわらず、官と民との関係の有様(形態)は一様ではないとの論旨が引き出され、さらに、同権の趣意は民政の国にも立君の国にもおこなわれて差し支えないのだから、世の学者は「政体などの話は差置き、別に人民のために論ず可きことあるを知る可し」という論点が出されてくることとなる。ここでは後日はっきり表明される、政権と人権とを区別するという考え方が立論の背後に用意されていることを推定できるし、それを根拠に、折からおこってきた自由民権運動にたいする評価をくだすこと、それへの態度を決定することを回避しているのである。後にあらためてとりあげるが、明六社々員の多くが民撰議院設立建白にたいする見解を公にしていたなかで、福沢はそうした行動に出なかった。もしこの草稿が当初のもくろみどおり一二編として公刊されたとすれば、これが彼の民撰議院設立建白にたいする最初の言及となったであろう。しかしそれは世の非難にたいする弁解の辞の一環としての、民権運動にたいする態度決定からの逃避であった。これは公にされなかったとはいえ、その後の思想の展開を方向づける礎石の一つとなった。政体の問題と引き離された、彼のいわゆる人権の主張への限定と、自由民権運動への傍観者的批判が、この後の彼の進路となるのである。

この草稿の論旨の究極目標は「内の交際は軽小にして外の交際は重大なり。内は忍ぶ可し、外は忍ぶ可らず」との対外危機の強調におかれている。ところでこの論稿の末尾のつぎの記述をどう理解すべきであろうか。

「故に今の人民へ上下同権の大義を教へ、理の在る所は政府と雖ども敢て屈す可らずとの趣意を知らしむるは、弱小をして強大に当らしむるの下た稽古なり、外国の強敵に抗せしむるの調練なり。此調練の際には些細の間違もあらん、双方の誤解もあらん。仮令ひこれあればとて内の事にて、所謂兄弟牆にせめぐものなれば、之を忍て可なり。何ぞ区々の疑念を抱くに足らん。唯其目的とする所は、理に拠て強大に抗するの習慣を養ひ、以て外国交際に平均を得るの一事に在るのみ」

丸山氏は、右の引用箇所をとりあげて、前述したように「国内における抑圧からの国民的解放は国際社会における独立確保の前提条件である」と論じたが(前掲書)、全文の論旨からしても、「下た稽古」「調練」の言葉からも、民権の主張が国権達成のための手段としてうち出されていることは明らかである。「古典的」「民主的」ナショナリズムの思想ということはできない。民権の主張を国権の主張に従属させることによって、弁明を試みているのである。

福沢は日本国の病因は外国交際にありと視、貿易商売はわが方に不利であるという。そして痛烈に外人を非難する。外国人が開国貿易をうながすは「舌に藉くに軍艦を以てし、筆に次ぐに鉄砲を以てし、暗に兵力の端を示して事を成し、遂に我国を第二の印度に陥れんとするの目論見ならん。万国公法は何処にあるや。耶蘇正教は何の用を為すや。公法は欧羅巴各国の公法にて、東洋に在ては、一毫の働きをも為さず」と切言した。『唐人往来』『西洋事情』そして本稿と、年を経るにしたがって、彼の対外危機感は深まり、万国公法にたいする評価は低くなった。

いったいこの対外危機・外事優先の思想を主張せざるをえない客観的事情がこのときあらたにおこったのであろうか。これまで公にしてきた道理権義をもととする対外観が甘かったと反省せざるをえない客観的主体的条件の変化があったのだろうか。どうもそうは思えないのである。たしかに六年から七年にかけて、国際関係は緊張の度を加えた。征韓実施の是非をめぐる政府首脳の分裂、日露両属と定められていた樺太へのロシアの進出強化、沖縄島民の台湾遭難の報復としての台湾征討と、重大事件は相ついで起こった。七年四月におこされた、明治維新以来初めての外征である征台の役にたいする福沢の見解は、『明六雑誌』にのった七年一一月の『征台和議の演説』19に示されている。いわく、今回の事件は日本と中国との間のことであるが、西洋諸国が関係している、今回の事件からもっとも大きな利益をえたものは西洋の武器売込商人だと指摘し、

「西人の内心を測るに、彼輩は向後も常に亜細亜諸国に不和争闘の起るを科ることとならん。実に口惜しき始末ならずや。何卒此後は我日本にても、仮令ひ西洋諸国の乱に由て臨時の利益を得ることなきも、我亜細亜州の事変に由て彼輩に利を与ふることなきやうに用心ありたきことなり」と。この征台の役には直接にもアメリカ駐日公使の使嗾があり、アメリカ元軍人リジェンドルの計画にもとづいて着手し、しかもイギリス公使の反対にあって中止をはかるという、複雑な国際政治の焦点として終始しており、その点でこれを日本と中国に西洋諸国を加えた「三方の関係」としてとらえるべきだとした福沢の識見はすぐれたものであったし、こうした把握から欧米列強への警戒心をもつに至ったことも、充分理解できることである。「結局今の我困難は外国交際に在り。今の我勁敵は陰に西洋諸国に在り」との結論は、『内は忍ぶ可し、外は忍ぶ可らず』の論旨に連なるものであった。しかし福沢は「我勁敵は陰に西洋諸国に在り」との文章に続けて「然かも其敵は兵馬の敵に非ずして商売の敵なり。武力の敵に非ずして智力の敵なり。此智戦の勝敗は今後我人民の勉強如何に在るのみ」とのべたことは看過することはできない。西洋諸国は兵馬の敵に非ずということの議論が正しいとすれば、軍艦・兵力をもって我国を第二の印度におとしいれる目論見という、『内は忍ぶ可し、外は忍ぶ可らず』での議論は、誇張だということになる。そして西洋諸国との敵対が商売・智力の戦だとすれば、わが国の商売・智力が何故に伸びないのか、これを伸張せしめようとすればどうすれば良いのかという内政の問題にふたたび立ち帰ることとなる。そうなればさきの「内の交際は軽小にして外の交際は重大なり」との外事優先の主張もくずれることとなる。やはり一身独立して一国独立すの論理が正しいこととなるだろう。例によって、外事優先を主張する目的からすれば、西洋の武力侵略の危険の強調となり、我が人民の勉強を説諭する目的からすれば、商売・智力の戦の強調となるという論旨の使いわけをここでもしていると解すべきだろう。

征韓論にせよ、征台の役にせよ、この時期の対外問題は、不平士族にたいする対策という対内的要求から我が方が醸成したものという性格が強いのが特色であった。征台の役も木戸孝允の言葉を借りれば「今日所唱(征台の役—著者註)は、昨年江藤等(江藤新平ら征韓派—著者註)の所唱也」であり、「内乱を冀ふ心を外に移して国を興すの遠略」(板垣退助宛西郷隆盛書翰)たる征韓論の代替物であることは、当時の知識人には知れわたっていた事実であった。だから福沢も、征台の役が国際問題であると同時に、露骨に内政問題であることを知っていたはずであり、その上で前記『内は忍ぶ可し、外は忍ぶ可らず』で、内の交際は軽小にして外の交際は重大なりと論ずるのは、たんに対外危機感からだけでなく、いやむしろ対内的必要から出ていたと判断しないわけにはいかないのである。

要するに一身独立し一国独立すとの論旨が、権力との関係から一身独立を主張しきれないという壁にぶつかり、上下同権の主張が根強い伝統的思想からの非難を浴びて弁明の場に立たされたとき、論旨の行きづまりの脱出口として、外事優先の思想がおし出されたのである。

あらためて福沢は自己の思想の体系的論述の必要にせまられた。一編が数枚の小冊子では所見を詳らかにできぬだけでなく、読者が文章の一字一句にとらわれて全体の文意を理解できないという不便を痛感した。そこで『学問のすゝめ』続編の執筆と並行して、体系的な著述『文明論之概略』4にとりかかることとなった。

3　西洋の文明と日本の文明

福沢の不朽の名著『文明論之概略』の執筆を思い立ったのは、『学問のすゝめ』七編が刊行された七年三月のころであり、九月――『学問のすゝめ』第七編をめぐって非難の投書が『日新真事誌』に次々と出たころ――には、ほぼ書きあげたが、さらに訂正の書き入れを施し、緒言を書いたのは八年三月、その翌月決定稿を脱稿し、八月に刊行した。これまでの書の多くが、きわめて短時日に一気呵成に書きあげられているのにたいし、非常な苦心と時間をかけての、いわば全力投球をしての著述であった。

執筆当時の彼の問題意識を示すものに、有名な馬場辰猪――彼は慶応義塾出身者でこの時ロンドンに留学していた――に宛てた書翰(七年一〇月17)がある。

「方今日本にて兵乱既に治りたれどもこのマインドの騒動は今尚止まず、今後も益持続すべきの勢あり。古来未曾有の此好機会に乗じ、旧習の惑溺を一掃して新らしきエレメントを誘導し、民心の改革をいたし度、迚も今の有様にては外国交際の刺衝に堪不申、法の権も商の権も日に外人に犯され、遂には如何ともすべからざるの場合に可至哉と、学者終身の患は唯この一事のみ。政府の官員愚なるに非ず、又不深切なるに非ず、唯如何ともすべからざるの事情あるなり。其事情とは天下の民心即是なり。民心の改革は政府独りの任にあらず、苟も智見を有する者は其任を分て自から担当せざるべからず。結局我輩の目的は我邦のナショナリチを保護するの赤心のみ。(中略)日本の形勢誠に困難なり。外交の平均を得んとするには内の平均を為さゞるを得ず。内の平均を為さんとするには内の妄誕を払はざるを得ず。内を先にすれば外の間に合はず、外に立向はんとすれば内のヤクザが袖を引き、此を顧み彼を思へば何事も出来ず。されども事の難きを恐れて行はざるの理なし」

ここにはますます持続する勢いを示す「マインドの騒動」が指摘されている。伝統的思想と文明開化思想の衝突、それだけではない。政府の開化政策、それに反抗する民衆の一揆、民撰議院開設要求運動と佐賀の乱的士族反乱とに代表される士族の反政府運動、こうした諸対立は、かならずしも伝統的儒教思想と文明開化的洋学思想の対立をすなおに反映するものではなく、むしろ互に錯雑混淆して、それぞれの政治勢力の思想的基盤となっていた。国民の思想は、政治的にも社会的にも激動を重ねていた。彼はこの激動をもって、旧習の惑溺一掃の好機と見た。『学問のすゝめ』執筆の初心である、新しいエレメントを誘導しての民心の改革の志、その究極の目的たる「我邦のナショナリチ」を守る目標は、少しも変わってはいない。ただ「内を先にすれば外の間に合はず」との焦慮、「内のヤクザ」への慨歎は、民心の改革の困難さを告白したものであり、おそらくは『学問のすゝめ』七編をめぐり非難をうけた経験に顧みての言であったろう。民心改革の好機と見る情勢判断と、それにもかかわらず、内を先にすれば外に間に合わずとの焦慮との間には、ギャップがあり、そこに彼の動揺あるいは混迷が生まれる可能性があった。

『文明論之概略』著述の趣意について、『福沢全集緒言』は、こうのべている。――従前の著訳は、もっぱらわが国旧弊の排除を目的にして、いわば文明一節ずつの切売りに異ならなかった。その上、明治七、八年の頃となり、世態漸く定まりて人の思案もようやく熟すときとなったので、西洋文明の概略を示し、とくに儒教流の古老に訴えてその賛成を得ることができればもっとも妙であると思い、これを敵にせずに、今はかえってこれを味方にしようとの腹案をもって著わしたのがこの書である――と。この書が従来の著書とちがって、西洋文明についての体系的な書物であること、それがこの書の価値であることは事実である。しかし五〇歳以上の儒教流の保守派をおもな読者に想定し、これを味方にかえるのが著述のねらいであったという緒言の説明は、やはり後年から見ての理由づけであり、発行当時それが執筆意図の中心であったかどうかは疑問である。こうした意図、とくに士族を対象とするそれは、後にのべるように、むしろ本書刊行後の執筆にかかる論稿に顕著である。本書執筆当時の意図は、前に引用した馬場辰猪宛書翰に照らして、本書の緒言をそのまま受けとる方がすなおな理解である。それによれば、第一には開国以来異質の文明に接触することによっておこった人心騒乱を「全国の人民文明に進まんとするの奮発なり。我文明に満足せずして西洋の文明を取らんとするの熱心なり」と解してこれを肯定し、このために文明の議論を立て条理のみだれざるものを求めることが学者の課題であること、第二にこの仕事は、伝統に立つ西洋諸国の場合とちがって、わが国の場合「始造」というも不可なきほど困難であるが、日本の学者は今日洋学を講ずるも、かつては伝統文明の下に育ち、いわば「恰も一身にして二生を経るが如く一人にして両身あるが如し」という偶然の僥倖を利用して、西洋諸家の説と日本の事実とを対照し、「飽くまで西洋の諸書を読み飽くまで日本の事情を詳に」しなければならぬこと、以上が本書の趣旨だとのべている。あらたに移植さるべき西洋文明と、克服さるべき伝統文明と、この相互を比較し、西洋文明から照射して日本の伝統文明の特質を明らかにし、日本文明から照射して逆に西洋文明の特質を詳らかにすること(本書緒言は「其前生前身に得たるもの〈伝統文明―著者註〉を以て之を今生今身に得たる西洋の文明に照らして、其形影の互に反射するを見ば果して何の観を為す可きや」と記した)、これが内容から見ても、本書の本領である。全集緒言のいうように、この本領の背後に、保守派古老を味方にする腹案があったと解するのは、むしろ日本の在来文明にたいする本書の批判の鋭さをあいまいにしてしまうだろう。

第一章「議論の本位を定る事」は、以下の章の論述の基準を説いたもので、何のためかという目的を設定し、これを議論の本位と定めて利害得失を論ずべきだとする。ここから結論される価値判断の相対性の主張は、是非善悪の絶対性を主張する儒教の思考の仕方と対蹠的なものであり、プラグマティズム的な思考の仕方だということができる（前掲丸山「福沢諭吉の哲学」）。そして事物の利害を論ずるに相互に極端を出しあって対立すれば、双方の説は接近することができないとして、このような論争の仕方を排した。ここにあげられている事例、人民同権の説をのべる者にたいし、古風家は合衆政治（共和政治）の論と見なして無君無政の大乱におちいらんと非難し、かの新説家も始めから古風家を敵の如く思い、無理をおかして旧説を排斥するという議論の仕方の誤りを指摘したのは、彼自身の苦々しい経験からであったろう。前にあげた朝野新聞投書に見られるように、専制の暴政と立君政治、民権・自由と共和政治、この関連を必然的固定的にとらえる硬直した思考を排して、異なった結びつき方を考えうるような柔軟な考え方を主張したのである。そして最後に「必ずしも他人の説を我範囲内に籠絡して天下の議論を画一ならしめんと欲する勿れ」とし、「昔年の異端妄説は今世の通論なり。然ば則ち今日の異端妄説も亦必ず後年の通論常談たる可し」とのべ、学者はよろしく世論の喧しきをはばからず、異端妄説の譏を恐れることなく、勇をふるってわが思う所の説を吐けと説いた。彼もまたその決意をもって、この書の筆をとったのである。儒教流の古老を利用して味方にしようとのけちな根性から出たことではなかった。

第二章「西洋の文明を目的とする事」は、なぜヨーロッパの文明をわが国民の目標とするかをさまざまの角度から、またそれに支障となるべき問題点の解明をとおして示したものである。すなわち世界に文明の国(ヨーロッパ諸国・アメリカ)・半開の国(トルコ・中国・日本)・野蕃の国(アフリカ・オーストラリア)の別があるが、これは「人類の当に経過す可き階級」であり「文明の齢」であって、この区別も相対的である。西洋諸国を文明といらけれども、今日の世界にあってこの名称をくだすだけで、西洋諸国にも戦争・盗賊・殺人等の欠陥はあり「況や其外国交際の法の如きは、権謀術数至らざる所なし」。決していまの有様を見てただちにこれを至善というべからずと限定した。その上で野蕃・半開・文明と「順序階級」を経て進むものなのだから、野蕃・半開国は、一国文明の進歩を謀るには、現在世界の人智の到達点としてのヨーロッパの文明を目的とし、これを議論の本位として事物の利害得失を談ずべきだという。ここでは西洋にも欠陥がある、外交が狡猾詐術であるという理由で、西洋文明を軽蔑し排斥する攘夷論的西洋文明観を批判すると同時に、西洋文明を学べと説くことから西洋諸国の現状を至善なるものと見る誤りにおちいっている洋学者をも批判した。

次に西洋文化移植の態度について採長補短主義を批判する。外の文明は取り入れるのはたやすく、内の文明はこれを求めるにかたい。外の文明とは衣服・飲食・器械・住居・政令・法律など外形の事物、内の文明とは文明の精神すなわち人民の気風である。ヨーロッパの文明を求めるには、困難な人心の改革をさきにし、容易な有形の物の移植を後にすべきだと主張した。採長補短主義は幕末の佐久間象山の「東洋の道徳、西洋の芸(技術という意味—著者註)」以来、洋学者にも儒学者にも共通した考えであり、これをもって洋学と儒学の妥協折衷をはかり、これをもって洋学を封建制補強の学たらしめたもので、明治政府の文明開化政策も外形の西洋化をもっぱら企図するものであった。文明の精神の強調は、『学問のすゝめ』でも強調され、これを「人民独立の気力」と解説したが(五編)、西洋文明の長所をみとめざるをえなかったこの時点での儒学者・国学者の最後の拠点ともいうべき採長補短主義、物質文明輸入主義を真正面から批判したのは、本書のもっとも変革的な主張の一つである。

さらに論をすすめて、国体とヨーロッパ文明とは両立できないという意見を反駁する。彼は国体を「ナショナリチ」、つまり民族の独立と理解する。そしてこれと政統＝ポリチカル・レジチメーションとを区別し、政統の変革、つまり政権の所在の変化は国体の存亡に関係するものにあらずとし、さらに君子の血統(万世一系の天皇)は国体にも政統にも関係はないとのべ、この三者の混同をいましめた。そしていう、血統の連続を保つは難事にあらず、国体は国の本、政統も血統もこれに従って盛衰をともにするもの、したがって「日本人の義務は唯この国体を保つの一箇条のみ」。この一国の独立を保つには、人民の智力を進めざるべからず、そのためには断じて西洋文明を摂取すべしと確言する。この論はまた天皇制にたいする批判として精彩を放っている。国体については「世の議論家も口を閉して又云はざる者多し」と記しているが、彼が天皇制の存在意義を次のように規定したことは、当時として非常に勇気のいることであった。政府の実威とこれをよそおう虚威とがあるが、血統連綿を尊ぶは虚威に服する古習に惑溺することである。血統連綿の貴きは、古来我国に固有なるが故に貴きに非ず、これを維持して我政権を独立し我文明を進めるべきが故に貴いのであると。「物の貴きに非ず、其働の貴きなり」といいきる。こうした認識からすれば、現在の天皇制がもし文明に適しないことがあれば、その原因たる「虚飾惑溺」をのぞいて、実の効果を求め、政治の形態を改革して、天皇制をいまの文明とともに並立するよう改めるべきであるということになる。私の言葉をもって言いかえれば、絶対主義天皇制をブルジョア君主制に改革することにほかならない。

天皇制の問題は、第三章「文明の本旨を論ず」でも引き続いて論究される。いわく、文明の国は必ず君主制であってはならないということはない。すべて世の政府はただ便利のため設けたるもの、国の文明に便利なるものであれば、政府の体裁は立君にても共和にても、その名を問わずしてその実を取るべきである、と。またいわく、和漢にても西洋にても、仁君が世に出て良く国を治めたのは昔のことで、西洋諸国では千六、七百年ごろから仁君はなくなり、千八百年代には智君もなくなった。

「こは国君の種族に限りて徳の衰へたるに非ず、人民一般の智徳を増したるがために君長の仁徳を燿すに処なきなり。(中略)故に云く、仁政は野蕃不文の世に非ざれば用を為さず、仁君は野蕃不文の民に接せざれば貴からず。私徳は文明の進むに従て次第に権力を失ふものなり」(第七章)。

さらにいう、

「昔、野蕃不文の世に、君民一体天下一家にして、法を三章に約し、仁君賢相は誠を以て下民を撫し、忠臣義士は命を抛て君のためにし、万民上の風に化して上下共に其所を得るが如きは、規則に依頼せずして情実を主とし、徳を以て太平を致したるものにて、遽に之を想像すれば或は羨む可きに似たれども、其実はこの時代に規則を蔑視して用ひざるに非ず、之を用ひんとするも其処あらざるなり。(中略)昔は政府、法を設けて人民を保護せしもの、今日は人民、法を設けて政府の専制を防ぎ、以て自から保護するに至れり。古の眼を以て此有様を見れば、冠履転倒、上下の名分、地を払ふたるが如くなれども、少しく其眼力を明かにして所見を広くすれば、此際に自から条理の紊れざるものありて、政府も人民も互に面目を失するの患あることなし。今の世界に居て一国の文明を進め其独立を保たんとするには唯この一法あるのみ」(第七章)。

君主に仁君・智君がなくなり、君主の徳に政治的効果がなくなるのは、人民智徳の進歩の結果であり、文明発達のあらわれであるという。福沢が君主制をみとめたのはその積極的意義を見出したからというよりは、むしろ天皇の政治的役割が小さくなる、天皇＝政府の権威に依頼盲従しない人民の独立の気風が強くなるという文明化の見とおしの上に立って、人民の智徳の現状に照らして承認したにほかならなかった。天皇制と西洋文明とは両立しうるという主張の真の内容は、一国の独立と文明化のために役立つものとしての天皇制の承認ということにほかならなかった。

西洋文明と日本文明との比較論は、本書の中心をなすものである。この場合、これまでの『学問のすゝめ』をはじめ諸論稿で強調したことは、制度・法律・軍備・建築・交通・機械などの外形のちがいではなく、そのちがいを生み出し、これを拡大していった人々の精神であり、智力であり、人と人との間の社会関係の相違であった。「譬へば銭を以て買たる器械を目して文明と云はずして、国民の間に器械の功用を解して之を好むの心を生じたるものを指して文明と名ることならん」（「外国人の内地雑居許す可らざるの論」明治八年一月19）。今の政府の役人は皆国内の人物で、日本国中の智力は大半政府に集まるということもできる。しかしながらこの人物が政府に会しておこなうことは、その処置必ずしも智ならず。概していえば、日本人は仲間を結んで事をなす場合、その人々の持前の智力に比して不似合の拙をつくすものである。これにたいし西洋諸国の人民は智者のみでないが、仲間を結んで事をなした結果は智者の所為に似るものが多い。そのちがいは仲間を結び個人の才智よりすぐれた衆論をつくる習慣の有無による、と（第五章）。またこう指摘する。「西洋の文明の他に異る所は、人間の交際に於て其説一様ならず、諸説互に和することなきの一事にあり。(中略)是即ち自主自由の生ずる由縁なり」(第八章)。

とくに鋭利な分析のさえを示したのは、第九章「日本文明の由来」においてである。西洋文明に比較して、日本文明の異なる特色は、権力の偏重である。西洋文明が、人間交際に諸説並立し、彼我平均の間に文明の自由が存するのとちがい、日本では諸説が並立することができず、一を以て他を滅し、他をしてその本色をあらわすことをできなくしてしまう。ここから権力の偏重が出てくる。今の学者は、権力の事を論ずるのに、ただ政府と人民とのみ相対立させ、あるいは政府の専制を怒り、あるいは人民の跋扈をとがめるものが多いが、実情は、大小公私にかかわらず、人間交際あれば必ず権力偏重ならざるはない。男女間の権力の偏重、親子間の権力の偏重、兄弟・長幼・師弟・貧富貴賤・新参古参・本家末家、いずれもその間に権力の偏重がある。そして甲は乙に圧せられ、乙は丙に制せられ、「強圧抑圧の循環、窮極あることなし。亦奇観と云ふ可し」。世間の外形から見れば、権力をもつものはただ政府のみの如くであるけれども、「政府は独り擅権の源に非ず、擅権者を集会せしむるの府なり」「権を恣にして其力の偏重なるは決して政府のみに非ず、之を全国人民の気風と云はざるを得ず」。なぜこうした気風ができたか。本書はこれを歴史的に考察して、こう結論する。

「日本の人間交際は、上古の時より治者流と被治者流との二元素に分れて、権力の偏重を成し、今日に至るまでも其勢を変じたることとなし。人民の間に自家の権義を主張する者なきは固より論を竢たず。宗教も学問も皆治者流の内に籠絡せられて嘗て自立することを得ず。乱世の武人義勇あるに似たれども、亦独一個人の味を知らず。乱世にも治世にも、人間交際の至大より至細に至るまで、偏重の行はれざる所なく、又此偏重に由らざれば事として行はる可きものなし」そしてその結果は「日本国中の人は、尋常の人類に備はる可き一種の運動力を欠て停滞不流の極に沈みたるものと云ふ可し。輓近廃藩の一挙ありしかども、全国の人、俄に其性を変ずること能はず、治者と被治者との分界は今尚判然として毫も其趣を改めざる由縁なり」。つまり権力偏重して社会は停滞し、文明は進まずという事態が生まれたと説くのである。

このような日本社会論は、かつてなかったというだけではなく、これ以後もこれに匹敵するものが稀であるといって良いほど、犀利なものである。彼の思想において、なぜこのことが可能であったのであろうか。

彼の著述は欧米の思想をもととするものであったが、飜訳紹介そのままではなく、日本の実情にあてはめた消化されたものであったことは前述した。しかしこの書においては、「飽くまで西洋の諸書を読み飽くまで日本の事情を詳に」する態度が一段と徹底した。前記のウェーランドの *The Elements of Moral Science*、バックル(Tomas Backle)の『イギリス文明史』(*History of civilization in England*, 1857-61)、ギゾー(Guillaume Guizot)の『ヨーロッパ文明史』(*Histoire de la civilisation en Europe*, 1828)、ミル(John Stuart Mill)の『代議政治論』(*Considerations on Representative Government*, 1861)『自由論』(*On Liverty*, 1859) などの諸書を参照していることは、直接または間接の証拠でわかる。しかしこれを日本の社会・文明の分析に適用する上で非常な苦心をはらったことは、つぎの書翰に語られている(明治八年四月、嶋津祐太郎宛17)。

「此書は昨年三月の頃より思立候得共、実は私義洋書並和漢の書を読むこと甚狭くして色々さし支多く、中途にて著述を廃し暫く原書を読み、又筆を執り又書を読み、如何にも不安心なれども、マヽヨ浮世は三分五厘、間違たらば一人の不調法、六ヶ敷事は後進の学者に譲ると覚悟を定めて、今の私の智恵丈け相応の愚論を述たるなり」

この書の所論の特色は、権力の問題を、政治権力だけでなく、それを生み出しそれを支えている社会関係総体のなかに位置づけて考察し分析したことであった。たとえば日本社会の特長としてあげた権力偏重、強圧抑圧の循環について、男女・兄弟・貧富とあらゆる分野にこれをみとめたことである。彼の巧みな譬喩によれば、三角四面の結晶物を砕いて、千分・万分の細片としても、その一部分はなお三角四面の本色を失わぬが如くなのである。こうした考えが、ギゾーやバックルの文明史——歴史的現象の基礎にある民族の全般的情況についての歴史的考察——からえたものであることは明らかであり、それが政治権力の社会的基盤といったものに読者の眼を開かせた。これが本書の日本社会論の鮮新さを生んでいる。私の言葉をもってすれば、天皇制は政治権力としてだけではなく、家庭・社会のあらゆる人間関係のなかに存在することの指摘である。

かくて、明治政府の専政・悪政を大久保利通の専権と把え、大久保をたおすことが政府を改革し、専制をやめさせる鍵であると見る、伝統的一般的政治観を批判し、社会関係の総体、それを生み出す日本人民のあり方、福沢の表現にしたがえば、日本人民の気風の変革という、より根源的、より全体的な社会改革への展望をひらくこととなるのである。「権を恣にして其力の偏重なるは決して政府のみに非ず、之を全国人民の気風と云はざるをえず」と。

こうした日本社会・日本文明にたいする構造的把握が、かえって改革への積極的姿勢を弱める結果となったことは皮肉であった。前記したように、権力偏重の社会のできた歴史的原因は、治者と被治者との間の障壁が高く、かつそれが古代から今日まで変わらず持続していることにあると見た。それならば権力偏重の弊風を改革するには、この障害を打破せよということになる。ところが福沢はそう考えない。これまた前に引用したことだが、いまの学者が権力のことを論ずる場合、政府と人民との対立だけに着目し、政府の専制を責めるのでは駄目だという。そうした意見が畢竟権力偏重の気風のあらわれだと見ているからであり、政府要路者を攻撃するだけでは、弊風を改革することができず、人間交際の全体、人民の気風を改めなければならないと説くのである。いわば循環論法におちいっているのであり、事態の説明にはなっても、事態を変える行動の方針を見出すことはできないこととなってしまうのである。

かくて彼の結論はこうなる。「此病(権力偏重—著者註)の療法は、目今現に政治家の仕事なれば、之を論ずるは本書の旨に非ず、余輩は唯其病の容体を示したるのみ」という。いわば学者の任務を、病状の指摘にとどめてしまい、その治療は、政治家にゆだねてこれを論ぜずとする。「数千百年の習慣を成したるものなれば、一朝一夕の運動を以て変革す可き事に非ず。近日に至て少しく其運動の端を見るが如くなれども、上下の種族、互に其所長を採らずして、却て其所短を学ぶ者多し。是亦如何ともす可らざるの勢にて、必ずしも其人の罪に非ず。蕩々たる天下の大勢は上古より流れて今世に及び、億兆の人類を推倒して其向ふ所に傾きしものなれば、今に於て俄に之に抵抗すること能はざるも亦宜なりと云ふ可し」という諦観が、第九章「日本文明の由来」の結論であった。

国内政治、国内社会の改革については、その弊害を指摘して改革の必要を論ずる解説者ではあったが、改革の実践にたいしては傍観者たらざるをえなかった。しかし彼の思想の特質は、実践的要素を不可分の構成要素とするものであった。丸山真男氏が鋭く指摘したように「福沢の場合、価値判断の相対性の強調は、人間精神の主体的能動性の尊重とコロラリーをなしている」（前掲「福沢諭吉の哲学」）ものだからである。「数千百年の習慣を成したるものなれば」「今に於て俄に之に抵抗すること能はざるも亦宜なり」と諦観してしまえば、価値の相対性の主張は、無原則的な機会主義におちいってしまうことになるであろう。それで甘んずることは、彼の思想の原点ともいうべき「実学」の根本理念から黙過することができぬことであった。見失われた実践的方向の回復は、本書の最終章「自国の独立を論ず」でもっぱらはかられることとなる。馬場辰猪宛書翰にのべる「結局我輩の目的は我邦のナショナリチを保護するの赤心のみ」の言が、文字どおり唯一の目的として実践をめざすこととなる。

第一〇章「自国の独立を論ず」の内容は、第一〜九章の西洋文明を学ぶ必要を縷々説いた論旨と、必ずしも論理的にしっくりつながってはいない。彼はいう、外国にたいし自国の独立をはかることは、もとより文明論のなかで瑣々たる一箇条であるが、わが国の文明の度は、今正に自国の独立について心配する地位におるのだと。一体文明発達の段階がどのようであることが、独立の課題を、他のあらゆる課題に優先させることを必然とするか、第一〜九章の論述であきらかにされているとはいいがたい。一国の文明をすすめるためには、一国の独立は必要な条件である。彼はそう説いてきた。しかしここでは目的と条件あるいは手段との地位を逆転する。「今の日本国人を文明に進るは此国の独立を保たんがためのみ。故に、国の独立は目的なり、国民の文明は此目的を達するの術なり」。彼は、この立論をつぎのように限定する。

「先づ日本の国と日本の人民とを存してこそ、然る後に爰に文明の事をも語る可けれ。国なく人なければ之を我日本の文明と云ふ可らず。是即ち余輩が理論の域を狭くして、単に自国の独立を以て文明の目的と為すの議論を唱る由縁なり。故に此議論は今の世界の有様を察して、今の日本のためを謀り、今の日本の急に応じて説き出したるものなれば、固より永遠微妙の奥蘊に非ず。学者遽に之を見て文明の本旨を誤解し、之を軽蔑視して其字義の面目を辱しむる勿れ」

弁明はまことに用意周到である。「今」の世界の有様、「今」の日本の要請、この「今」の認識が、目的と手段とを逆転させたのである。それが彼のいう文明の度、文明発達の現段階である。それならば、世界および日本の「今」の特徴は何であるのか。

世界についていえば「今の世界は商売と戦争の世の中と名くるも可なり、（中略）今の文明の有様に於ては止むを得ざるの勢にて、戦争は独立国の権義を伸ばすの術にして、貿易は国の光を放つの徴候と云はざるを得ず」。欧米人に接触した東洋の国々、大洋洲諸島の開化の実情如何。「其開化と称するものは何事なるや。唯此島の野民が人肉を喰ふの悪事を止め、よく白人の奴隷に適したるを指して云ふのみ。（中略）支那帝国も正に欧人の田園たるに過ぎず。欧人の触るゝ所は恰も土地の生力を絶ち、草も木も其成長を遂ること能はず、甚しきは其人種を殲すに至るものあり」。すなわち今日の世界における国と国との交際にあって、貿易と戦争と植民地化は不可避となっている。この国際情勢のなかで、わが国の独立の危機はもたらされる。わが国を東洋の一国と認識する立場に立つとき、その危機を感得することができる。いわく「是等の事跡（東洋・大洋州の民族の植民地化—筆者註）を明にして、我日本も東洋の一国たるを知らば、仮令ひ今日に至るまで外国交際に付き甚しき害を蒙たることなきも、後日の禍を恐れざる可らず」と。

いわば帝国主義段階前夜という国際情勢が、国民的課題についても、本来の文明化の大道とはちがった独自の設定を余儀なくさせる。すなわち、近時の外国交際、それが一面で文明化をおしすすめる力となるが、他面では独立の危機をもたらすことを認識し、報国心を振起しなければならないという。報国心とは何か。「報国心は一人の身に私するに非ざれども、一国に私するの心なり(中略)。報国心と偏頗心とは名を異にして実を同ふするものと云はざるを得ず」。しかし将来世界中の政府がなくなれば別であるが、世界中に国を立て政府が存在するかぎり、その国民の一国に私する「私情」をのぞく術はなく、そうであれば我もまたこれに接するに「私情」をもってせざるをえない。この観点からすれば、さきに批判した君臣の義、先祖の由緒、上下の名分、本末の差別のごときも、「文明の方便なれば、概して之を擯斥するの理なし」ということになる。この自国の独立を目標とし、これを基準に事の軽重緩急をあきらかにすれば「怨敵も朋友と為り、他人も兄弟と為り、喜怒を共にし、憂楽を同ふし、以て同一の目的に向ふ可きか。余輩の所見にて今の日本の人心を維持するには、唯この一法あるのみ」――これが、第一〇章の結論である。この第一〇章に関するかぎり、本項冒頭に記した『福沢全集緒言』に、儒教流の古老を敵にせずして味方にしようとの腹案をもって筆をとったと解説したのは、あたっている。しかしそれが本書全体の論旨、本書の論述の結論と理解するならば、第一〜九章の論旨はいったい何のために書かれたのか。「文明は至大至洪にして人間万事皆これを目的とせざるなしとて、人類の当に達すべき文明の本旨を目的と為して論を立てた」ことは、世界および日本の現情勢という判断基準からは一挙に捨て去られてしまう、このような位置しかあたえられないのであろうか。私は、第一〜九章と第一〇章との間に論理の間隙があるとのべた。ということは、福沢の非常な苦心、その結果としての清新なる立論にもかかわらず、なお国内の文明化と一国の独立とを統一的に解決することに成功してはいなかったからである。

文明の本旨たる一視同仁四海兄弟の大義と、一国独立の現実が要請する報国尽忠の大義とは相矛盾する。そして報国心が「私情」であり「偏頗心」であることを承知の上で、今日の日本という特殊な条件の下で、あえて報国尽忠の大義の方をえらびとろうとする場合、その報国尽忠は不断に文明の本旨から批判されなければならないはずである。そうでなければ、その心事に一片の報国心ありという攘夷主義者とも、一種の愛国者とみとめる武力偏重主義者とも、已れをわかつことはできなくなるのではないか。一国独立の目標、報国心の喚起という見地から見れば、君臣の義、先祖の由緒、上下の名分、本末の差別は、人間品行の貴ぶべき箇条で、文明の方便であるから、概してこれを排斥する理由はないというのだが、第九章で意をつくして明らかにしたように、これらの人間関係こそが、日本社会の積弊たる権力偏重のあらわれであり、この打破なくして、個人の自主も、文明の進歩もありえないのである。だとすれば、日本の文明化と独立とを両立しうべき人民の品行は、君臣主従の義を独立の方便とすることではなく、あくまでも人間関係の変革と結びうる、そのような質の品行の新たな創造でなければならないとすべきだろう。

しかし第一〇章の結論はそうではなかった。「国体論の頑固なるは民権のために大に不便なるが如しと雖ども、今の政治の中心を定めて行政の順序を維持するがためには亦大に便利なり。民権興起の粗暴論は立君治国のために大に害あるが如くなれども、人民卑屈の旧悪習を一掃するの術に用れば亦甚だ便利なり」という。この論旨は、第九章と同じ無原則の機会主義におちいっており、自国独立の大幟の下に「怨敵も朋友と為り、他人も兄弟となり、喜怒を共にし、憂楽を同ふし、以て同一の目的に向ふ」という挙国一致論にそれてしまったのである。それは、さきの「内は忍ぶ可し、外は忍ぶ可らず」の論旨の継承であり、後日の内安外競、外事優先の主張への通路を内包していたということができる。

Ⅳ　国会論から士族論へ

1　国会尚早論への批判

『文明論之概略』がほぼ脱稿に近づいた明治八年二月、大久保利通・伊藤博文と、征韓論で下野していた板垣退助、征台の役に反対しこれまた下野していた木戸孝允との間で大阪会議の妥協ができ、四月に漸次立憲政体を樹立するとの詔勅が出、その第一歩として元老院・大審院・地方官会議が設置されることとなり、木戸・板垣が政府内に入って参議に就任した。この政変について、福沢は立憲政体への前進とうけとり期待をよせた。「木戸・板垣再勤、政府を改革、左右院を廃して元老院を置たり。弥以て立憲政体と相成候事なり。固より事の初歩なれば必ず不都合も可有之候得共、何れにもよき方えは赴候義」と、八年四月二九日付書翰(富田鉄之助宛17)でのべた。彼がこうした楽観的評価を下したのも、対外問題を重視したからであった。この書翰は、前記引用の箇所に続けて「唯此上は外国の圧制に堪へ、程克くバランスを保つことを得るや否やの一事なり。如何にもブリッチシインフレンスは恐るべし」とイギリス人の乱暴増長の有様を憤慨して記していた。『文明論之概略』の結論からすれば、外国の圧制に堪える国内の整備を早急に求める気持から、大阪会議の結着に満足したのは当然のことであった。そしてこの機会に、国会開設の問題にたいする態度をはっきりさせようとした。

明六社の同人の多くは、七年一月の板垣らの民撰議院設立建白にたいし意見を公にしていた。加藤弘之は早速『日真新事誌』紙上で、国会開設尚早論を説いて、板垣ら建白署名者と論争し、また森有礼・西周は『明六新誌』の第三号で、また津田真道は同誌一二号(七年六月)、神田孝平は一九号(七年一〇月)でそれぞれ意見を開陳したが、津田をのぞいてはいずれも時期尚早論であった。ところが福沢は、賛否の意見を公にしていなかった。はじめから世上に流布する民権論やその運動にたいしては、むしろ批判的であったからでもあった。五年八月の『童蒙教草』序3には、「彼の洋学者流が英米諸国の史類を読み、自主自由の趣旨を誤認してこれを放肆無頼の口実に用る等のことあらば、其世教に害を為すこと挙て云ふ可らず」といましめた。彼のいう分限、つまり自由を行使する社会的責任を明らかにしていないことを非難したのであった。しかし欧米諸国の状況からして、早晩日本でも議会が設けられることを予測し、原則として議会政治を支持していた。六年の出版と思われる『会議辨』3には「政談家は民会を開て国事を謀らんと云」ふを

「文明進歩の徴候」と肯定し、七年二月の書翰（荘田平五郎宛17）には「行々は彼の民撰議院か、又は役人院か、書生院か、何か出来可申」と記した。ともに会議・演説の盛んとなるは文明の徴表として肯定したというにとどまり、とくに後者の書翰では、民撰議院と役人院（官吏によって構成される議事機関）とを同列に扱っている点で、民撰議院の設立にとくに積極的に賛意を示したとは考えにくい。『文明論之概略』でも、民権をのばし、文明をすすめるに、必ずしも立君政治か共和政治かという政体にこだわるなという発言をしているが、人民の自由独立、一国の独立という大目的に比すれば、政府の形態変革の問題をあまり重視していなかったことは、事実である。

しかし自由民権運動にたいして対立的な立場に立っていたわけではない。この点でも、『福沢全集緒言』の次の記事は、正鵠を射たものということはできない。——明治初年（九年二月—著者註）鮫島尚信の提案で大久保利通にあったとき、大久保が、「天下流行の民権論も宜し。されども人民が政府に向て権利を争へば又之に伴ふ義務もなかる可らず」とのべたのは、暗に自分を民権論者の首魁とみとめたからであろう。これにたいし自分はこう答えた。自分が民権云々を論ずるは、政府の政権を妨げるのではない。元来国民の権利には政権と人権と二様の別があり、自分は生れつき政事に不案内であるから、政府は政府で宜しいよう処理されたが良い。ただ人権の一段に至っては決してまかせるわけにはいかない。だから自分の争う所はただ人権の一方だけであるが、今後歳月を経るにしたがい、世に政権論も持ちあがって、遂には蜂の巣を突きこわしたような有様になるやも計られぬ。その時こそ御覧あれ、福沢は決してその蜂の仲間に入らぬばかりか、今日君が民権家と鑑定をつけた福沢がかえって著実な人物となって、君等のために頼母しく思われる場合もあろう。要するに「政府の虚威を廃して官吏の態度を改むると共に、国務の為政権を当局者に一任して自由自在に運動せしめ、人民も亦深く文明の教育を志して政治思想を養ひ、政府と相対して譲る所なく、共に国事を分担して国運万歳ならんことを祈るのみ」と。——これが緒言の記述である。明治一四年以後はこういえるだろうが、当面の八年の段階では、この解説はあたっていない。

ところで八年五月福沢は、民撰議院設立建白にたいする態度をこれまでよりも、もっとはっきりさせることを迫られた。というよりも、大阪会議と漸次立憲制の詔勅が出たのを好機とし、国会開設を支持する見解を公にしたというべきであろう。すなわち五月一日明六社で、民撰議院設立の可否をめぐって討論がおこなわれた。その模様は『明六社会談話筆記』21 によれば次のようであった。加藤弘之は、国民が自由をうるのに、人民の力によって政府をして専制の旧習を去って自由の政をなさしめる場合と、人民は卑屈無気力で君主から自由をあたえられる場合との二つがあり、前者はイギリス、後者は日本だとした。そしてわが国の場合、参議が果断をもって圧制するならば、卑屈の酔夢になれた人民も必ず反撥し、政府を待たずみずから民会を立てるであろう、これが民会設立のときであるとのべた。加藤の発言は、結論は尚早だというのだが、論理としては、上から与える慈恵的啓蒙政策を批判するという形をとっていた。これにたいし福沢はこう反論した。――もし民撰議院が尚早というなら、廃藩置県も尚早ということになる。廃藩置県も民撰議院も自由の暁光を人に視認せしめる門戸であり、たとえ政府の指揮にもせよ、参議の果断にもせよ、一旦この門戸を洞開したからこそ、人民も進歩した。自分は明治八年をもって民会創立の好時節であると考える。廃藩置県の改革の結果から推せば、民会創設の結果を察することができる――。

これにたいし加藤は次のように再論する。廃藩置県は人民の自由の力の成果ではなく、勤王という東洋の習気・勢力によって成ったものだ。廃藩置県が四年におこなわれなくとも、人民の自由は決してこのため阻害されない。抑圧が強く、民のこれに抵抗する力が強ければ、自由の力は必ずおこるものだと。福沢は再反駁する。――廃藩の改革には士族の力が多くはたらいているが、士族も日本人民の一部なのだから、日本の自由は、人民よくこれを認識して、武門に奪われた権利を回復したものだということができる。日本の自由の嬰児は嘉永六・安政元年以来の欧米各国との条約締結の際にはじまり、将来進歩して止まざるものであるから、今日民会を立てるは、自由進歩のあらわれであり、決して尚早をうれえるべきではない――かく主張した。さらにこの論争に森有礼が加わり、尚早論を説いた。吾輩もかつては廃藩置県に満足歓喜したが、今日ではそうではない。何んとなれば人民の精神気力が藩政時代よりかえって萎靡衰退しているからである。

自由は衆理衆説の抵抗相攻より起こるものだ。それには他県人が長官として支配する地方政治の現状を藩治専制の体裁のごとく変改する必要がある。廃藩置県は、今日より見れば尚早たることは明らかで、人民みずから認得する自由の成果だとするには足りないと論じた。

この討論を額面どおりに受けとるとすれば、論争点は次のようなこととなる。加藤・森は歴史の動きにたいし、あたかも第三者であるかのごとくである。廃藩置県という歴史的事件にたいしどう働きかけ、どのような結果を生じさせるかによって、その評価は異なってくるという観点が欠けている。自由とは、人民がたたかいとるべきものという公式を楯に、それに合致しないものは、進歩ではない、無意義だという公式主義＝評価の固定という考え方である。これにたいして、福沢は、歴史のなかにあり歴史に働きかけるという立場に立ち、廃藩置県を人民の自由の進歩の一段階と考えるのである。いわばそう考えそう働きかけることで、廃藩置県から自由の門戸を開くという結果を引き出すことができるとしたのだろう。しかし明治八年をもって民会開設の好機とした理由は、討論筆記の範囲からは、必ずしもはっきりしていない。政府首脳内部の妥協の所産である立憲漸次の詔を利用して開く民会を、人民自由の進歩にとって意義あらしめる人民側の運動、すなわち自由民権運動についての見解が示されていないからである。

それにしても明六社の討論を額面どおり受けとることに若干の躊躇がないわけではない。同人の発言には、レトリックを楽しむという気風があったからである。西周は『内地旅行』と題して演説し、当時から喧しかった条約改正問題に関連し、外国人の内地旅行を許可すべしと主張した(『明六雑誌』第二三号)。その際、彼は、ものごとの利害を弁明するには、論理学の分析方法を用いなければならぬと論じ、演繹法と帰納法を使ってみせたが、結論を主張することよりは、論理学の効用を説くことがこの論文の重点ではなかったかと思われる。これにたいし福沢は『内地旅行西先生ノ説ヲ駁ス』を書き(第二六号)、これまた、「先生ノロジックヲ以テ」演繹法・帰納法を用い反駁した。彼らの討論は、論争の思想的内容よりも、欧米近代科学の方法を国家社会万般に適用してみせて、こんなに便利調法なものだとその正しさと効用を世人に教えさとす啓蒙に意を用いていた。それが『明六雑誌』の多くの論文の特色であった。したがって前記論争でも加藤と森が、人民の反抗の力が強まることをほんとうに期待して国会尚早を主張したというよりも、イギリスのように人民みずから自由の理を認得して立ちあがるのが正道なのだという知識を示すことがねらいであり、福沢の方もその論理の逆をついてみせたという嫌いがないでもなかった。

しかし福沢は、たんにレトリックの遊戯としてだけではなく、国会の即時開設を支持していたと思われる。彼の尚早論反駁はくりかえしおこなわれたからである。彼と門下生が『明六雑誌』と同時期の七年二月発刊した『民間雑誌』誌上に、前記論争と同じ八年六月に『国権可分之説』19を発表した。この論文で福沢は、国会開設尚早論者の考え方の特徴をつぎのように指摘した。第一は、人民といえば「貧弱無智の細民」だけを指して論じ、中人以上学者士君子の存在を無視している、第二は「西洋諸国を雛形に持出し、内情外形共に寸分も違はざる西洋一流の文明を得んとして、坐して事の成行を待」っていると。そして彼は有志の輩が幕府に迫って大政返上の挙に及んだのは、政府の専制を倒して自由に赴こうとする人民の力の勝利と見なし、「丸出し」(欧米の情況そのままという意味)ではなく内情外形が異なっているが、イギリスのマグナカルタに匹敵するものだと理解する。かくて今日の政府の専制は、かつての専制の持続ではなく、その「余焔」であり、人民もかつての人民ではなく、自由への進歩があると判断した。

彼の尚早論反撃は執拗であった。その翌月には、門下生の藤田茂吉・犬養毅・箕浦勝人らが論説の筆をとる『郵便報知新聞』に『案外論』20をのせ、洋学者が西洋一辺倒の態度をもって保守を主張すると痛烈に批判した。いわく「(洋学者が)これ(民権論—著者註)を嫌ふて苦しき余りには、或は仏蘭西《フランス》と云ひ、或は日耳曼《ゲルマン》と遁れ、西洋諸国の学者が最も悪み最も賤む所の旧悪弊の残物を引込み、此残物に依頼して、正に我邦に於て最上の地位を得たる民権説に抵抗せんとは、抑亦如何なる了簡なるや」と。

同じ明六社同人、同じ啓蒙主義者とはいえ、福沢と加藤の思想のちがい、その根底にある情勢にたいする姿勢の相違を、福沢みずからは、国会開設論争をとおして自覚的にうち出し、これを公にした。加藤らは、欧米の市民革命の「丸出し」の現象がないからといって、「寸分も違はざる西洋一流の文明」ができるまでは、時期が尚早だというのでは、そして「坐して事の成行を待」

つのでは、時は永遠に来ないこととなる。これにたいし明治維新を自由の勝利と見る福沢の見解は、現実のなかに前進のモメントを探し求め、そこに現実を変える働きかけをおこない、それによって時を将来せしめようとする主体的能動的な態度だということができるだろう。

要するに福沢は、立憲漸次の詔を支持して、これを人民の自由の進歩のために利用しようというのである。それは、利用できるという情勢と権力とにたいする判断があるからである。今日では、民権の説はほとんど日本国中の通語となっている。「結局日本に於ては民権の説既に最上の有様に居るものと云ふ可し」(『案外論』)。「結局今の時勢は自由の進潮にして、専制の引潮と云はざるを得ず」(『国権可分之説』)という。ここには権力にたいする甘い評価の弱さがあるといわなければならない。しかしこのことも情勢の判断を誤ったというよりも、彼なりの一定の意図にもとづく、独自の権力観をもっていたこととの反映と考えるべきだろう。

『国権可分之説』では、「今日は政府も人民も唯自由の一方に向ふのみ」で、基本的な方向の対立はないのだから、政府と人民との間に約束を結び、国権を平均して両者の間に相半せしめようというのが、彼の国会開設支持の結論である。この結論は当然、一国独立のため、官民ともにそれぞれの立場から各自の職分をつくして協力せよという持論につながるのである。そしてこの結論を導き出す前提として、今日の政府の専制は、「専制ノ余焔残息」であり、「結局日本国勢ノ権柄ハ人民ノ手ニ在リト云フ可シ」との判断が出されるのである。今日の日本国の権力は人民にあり――現にそうだといっているのではない。「今我政府ノ有様ヲ皮相スレバ、其専制抑圧ノ趣、依然トシテ旧ニ異ナラズ、人民モ亦依然トシテ旧ノ無智無力ナルガ如シ」とみとめていた。しかしペリー来航以来の歴史を見れば、専制の退潮、自由の進潮は必然であり、権力は人民にあるはずだというのである。人民の無気力を難ずる学者と彼との見解の差は、人民をどう考えるかのちがいである。前者はいわゆる水飲百姓・人力車挽の細民に限定する。しかし彼は、明六社の討論でものべたように、士族も日本人民の一部だという。

「人民ノ名称ハ必ズシモ百姓ト車挽トニ限ラズ、学者モアル可シ、医者モアル可シ、或ハ非役人官員モ人民ノ仲間ナリ。何ゾ独リ無智ノ小民ヲ頼ムコトヲセン。学者若シ人民ナキヲ患ヒナバ、思切テ今日辞表ヲ呈ス可シ。明日ヨリ正銘ノ人民タルヲ得ン」

このことを彼は主張したかったのである。『学問のすゝめ』六編の学者職分論の論旨なのである。彼が廃藩置県も人民の力の勝利のあらわれと論じたのは、加藤や森たちが士族を人民にあらずと見たのにたいし、士族も人民の一部ととらえたからである。そうとらえることによって、学者・士族を「人民ノ仲間ニ引入レ」、官に均衡する民の力を作り出そうとしたし、また佐賀の乱のような改革に対立する士族の動きを進歩の側に誘導しようとしたのであった。

士族が政治の上でも文化の上でも指導者であった当時において、この発言は相対的に進歩の役割をはたすことのできるものであった。この傍証として、いまここでとりあげている時期――八年三月に、政府の御用的立場に立つ『東京日日新聞』と、自由民権系の『郵便報知新聞』との社説の間におこなわれた、士族に選挙権をあたえるべきか否かの論争を紹介しよう。

東京日日は、士族の有する禄は、国民が士族に恵与しているもので財産ではない。だから家禄を根拠として士族に選挙権を与えるべきではないと主張した。これにたいし郵便報知は、家禄に禄税が賦課されている以上、それは家産であり、士族にも当然選挙権をあたえるべきだといった。両者の論争は、家禄が家産であるかどうかの議論を表面に立てながら、実は士族の評価いかんにかかっていた。郵便報知はいう、日本国の独立を維持するものは「慷慨切実」なる士族の力であって、決して「無気無力」の民ではない、と。これにたいし東京日日は、日本の独立はもはや士族に依頼すべき時節ではなく、独立の元気は日本良民の権利を保有することによって維持すべきだと反駁する。要するに国会の即時開設を主張する郵便報知は、士族を民権伸張の中核として位置づけることによって、人民の無気無力を克服しようとしたのにたいし、国会開設尚早を説く東京日日は、士族を封建の遺物と見なして民権に干与せしめることに反対し、教育によって平民みずから気力の発生するを待って、国会を開くべしと説いたのであった。

民権を主張する側が士族の力に依頼し、これに反対する側が平民の自力発達を期待するというのは、あきらかに倒錯した論理であった。それはブルジョア的発展の成熟に先行して、欧米の政治理念の移植によってブルジョア民主主義運動がおこったという条件から必然的に産み出されたものであったが、この矛盾の解決は、自由民権運動の発展によって、いかに士族と平民とを結合融合せしめて民主主義的政治勢力を結成するかにかかっていた。

しかし福沢は、現実の自由民権運動を支持し推進する立場をとってはいなかった。上からの開明政策を支持することによって、政府の改進を期待し、かつそれに人民を協力させることによって、人民の啓蒙を所企するというのが、彼の所論のねらいであり、それに向かって率先実践するのが、学者・士君子でなければならぬと主張したのである。しかしこの期待は、たちまちに政府の側から裏切られた。『国権可分之説』を書いたと同じ六月、政府は讒謗律・新聞紙条令の言論弾圧法規を布いた。このため多くのジャーナリストが筆禍をうけることとなった。有名な東京曙新聞主筆末広鉄腸――同じ幕臣出の洋学者で福沢の知己である――が新聞紙条例批判の記事の投書を掲載したため、禁固二ヵ月、罰金二〇円に処せられたのは八月七日のことであった。言論への脅威は、自由民権派だけではなく、政府支持の明六社社員にも感じられた。

2　明六社解散の提案

明六社が政治論議にまきこまれることを憂慮した社長森有礼は、八年二月の役員改選の集会での会務報告演説のなかで、「吾社にて論ずる処の件は、制規第一条に掲げある如く、専ら教育に係

は る文学・技術・物理・事理等、凡そ人の才能を富まし品行を進むるに要用なる事柄にして、而かも期する処専ら後世に属するを以て、或は今時の忌嫌に触ることもあるべし。是れ止むことを得ざるに出るものなり。然り而て時の政事に係はりて論ずるが如きは本来吾社開会の主意に非ず、且つ唯其労して功なきのみならず、亦之に由て或は不要の難事を社に来たすも計る可らず。故に今聊将来の社益を慮て此に予報す」と警告した（『明六雑誌』三〇号）。しかし後世を期しての啓蒙、とくに現実の問題とかかわらせて学問・思想を説く「実学」の主張からすれば、所論が「今時の忌嫌に触」れることのやむをえないことは、森みずからもみとめていた。時の政治にかかわるなという註文は土台無理なことであった。八年二月の第二七号以後でも、民撰議院論・政体論・貿易論・宗教論・貨幣論・自由論と、政治論議と見るべき論説は引き続いて掲載された。だが前述した民撰議院をめぐる福沢と加藤の論争が外部におよぼした反響は、社員に少なからぬショックをあたえた。この討論筆記は投書として『朝野新聞』に掲載されたが、テーマといい、当事者の顔ぶれといい、大きな反響をよびおこさざるをえなかった。これにたいし明六社は「当社席上の談話は一時疑義を討論する者にして、固より定説と為すべきに非ず。故に万一傍聴人筆録を新聞紙等に載することありても、其実を得ると得ざるとに論なく、一切社の与かり知る所にあらず。因て予め之を広告す」と声明し、これを『郵便報知新聞』紙上に公にした。討論の過程で出される意見・批判が、一時の仮説としてでなく「定説」として受けとられることを憂慮したからである。そうなれば討論者も影響を受けざるをえない。自由な討論の提出がはばかられる。討論を通じて双方の意見が変わり、高められる可能性が失われ、かえって意見対立の固定化を促し、団体の分裂の因となることとなる。このことを予防しようとしたのである。しかし実際には、討論は「定説」として受けとられてしまった。討論の習慣がまだ広まっていなかった当時、そしてテーマが直接政治的対立の争点にあった場合、それはやむをえないことであったろう。事実、『明六雑誌』上の論争にたいし『郵便報知新聞』その他の新聞の投書欄での論議を見ると、一方では加藤らの国会尚早論にたいする民権派の側からする保守頑迷との非難があり、他方では、福沢・中村らの自由論を、国体を害する共和主義者だときめつける批判があった。前者では、国民に自由の精神を啓蒙しようという加藤らの意図がまったく無視されており、後者では原理の強調はかならずしもそのままの実現・実行を意味していないことが理解されなかった。かくて討論・論争は、たとえ学術上のことと当事者が主観的に意図しようとも、客観的には現実の政治的対立にかかわるものとして、外から受けとられるのを避けることができなかった。

九月一日の集会で、幹事箕作秋坪が雑誌出版に反対し、森との間に論議があったが、つづいて福沢は『明六雑誌の出版を止るの議案』19 を提出した(五月社長を廃し、森・箕作・福沢・津田真道・西が幹事として会務にあたっていた)。出席社員一三名、決をとったところ、賛成は田中不二麿・津田仙・辻新次・古川正雄・秋山恒太郎・箕作秋坪・清水卯三郎・杉亨二に福沢を加えた九名、反対は西周・津田真道・阪谷素・森有礼の四名、欠席者の西村茂樹・加藤弘之・中村正直に回案したが、いずれも賛成であった。

九月一日の集会は、学問の自由、学者の良心が学者自身の間で討議された、わが国最初の機会であった。ここで福沢が停刊を主張した内容は、次のごときものである。讒謗律・新聞紙条例の二法律が学者の「自由発論」と両立しないこと、社員の十に八、九は官吏だから、発言の制限を感ぜざるをえないこと、しかも知識の域は境界なく、学問上の発言が政治の領分にわたることなきを期することはできないとの三点の確認の上に立っていた。そしてこの際、社員が節を屈して法律にしたがい雑誌の出版を続けるか、自由自在に筆を揮って政府の罪人となるか、この二か条のほかにはないが、目下の社中は、社員の意見が真に一致して一社あたかも一身のごとくである情況ではないから、両様ともおこなわれがたい、それならばむしろ出版を中止し、各自の意見は各自の責任で発表すべきであるというにあった。

これにたいする停刊反対者の意見はわからないが、おそらく同趣旨と思われるものが『東京日日新聞』の社説(八年九月八日)にのっている。筆者は明六社の客員であった福地源一郎であろう。この社説は、『明六雑誌』の功績をたたえ、停刊を遺憾とした。そしていう、法律の限度内において綽々として発論の自由を楽しむ余裕があるはずであると。またこう説く、今回官吏は私に一切の政務を「叙述」することはいけないという太政官布告が出たが、これも政治政理を「論弁」

するのを禁じたのではないのだから、学者は恐れる必要はない、要するに責任を一身に負う自省と勇決があれば、個人で著作するも、『明六雑誌』の名に頼るも、何の差違もないはずだ、と。福沢提案はあらかじめこのような見解に答えていた。すなわち法律の文面はきびしいが内実は厳ではない、だから心配は不要だというが、その寛を官吏に依頼して保証されうるだろうか、罪になるかどうかを他人たる官吏の意に任すこととなれば、「正に人をして我思想を支配せしむるものと云はざるを得ず」、故に不可であると論じた。

総じて福沢提案の骨子は、学問の自由、学者のあり方に関し、きわめて原則的であり、学者が節を屈するか、それとも罪人となるか、それができねば停刊するか、という選択であり、何んとかやっていけるという「曖昧の中間」をみとめないという態度であった。これは、他の問題を取り扱う場合とは対蹠的であった。前述したように彼はものごとについて善か悪かといった絶対的固定的な価値判断を下すのを避けて、限界情況の中間にある相対的に善なる途、より進歩的な途を選択すべきことを説いた。しかし学者の出所進退についてはきびしかった。『学問のすゝめ』の学者職分論(五六ページ)でも、仕官するか、しないかを二者択一的に問いつめた。今回も同じことであった。人民の自主独立の精神を振起するために学者は「人民の由る可き標的を示す」ことが必要であり、だから学者は弾圧法規にたいし「鄙劣の所業」があってはならない、これが停刊論の真意であったろう。そうだとすれば『学問のすゝめ』七編の論旨にしたがって、学者は率先「マルチルドム」の犠牲を甘受せねばならないということになるのではないか。反政府的士族の武力鋒起に好意をもつ士族民権派の論客で慶応義塾の門下生の小松原英太郎は『東京日日新聞』(八年九月二二日)に投書して、律例と自由発論と両立せぬことを承認しながら、出版停止に同意できない理由をこう論じた。もし言論界がこれにならい続々と筆を折るならば、世運の退潮がここに萌すであろう、明六社としては律例の廃止改良をはかる建言弁論を政府に向かって行なうべきである、と。しかし明六社は社員一致してそうした行動を起こすことができない性質の団体である。その上に立ってみて、停刊は、小松原の批判したような敗北主義であったのか、それとも福沢がいうように、各自の自主的な抵抗をおこなうための措置であったのか、私たちはこれをこの後の福沢の言論から検討するほかはない。

『明六雑誌』停刊の発議を積極的意図をもつものと評価しようとするとき、たちまち障害となるのは、九年四月刊の『学者安心論』4の論旨である。ここでも彼は、天下の人心改進に赴くとの判断に立ち、今日改進を喜ぶのは、上流の党であり、政府もこれに入っているとし、下流はこれに及ばず、廃藩を喜ばず、法律の改定を好まず、新聞発行を嫌い、廃刀断髪を悲しむ守旧の党であるという見解を示すのである。讒謗律・新聞紙条例の発布と「自由発論」の困難という体験にもかかわらず、権力にたいする甘い期待を少しも変えていないかのごとくである。これはいったいどういうことなのか。彼の憂慮は、政府の弾圧政策にあるのではなく、政府をふくめた改進の党の内部分裂にあるのである。すなわちこう論ずる――改進の学者は民権を論ずるが、眼を政府の一方にのみ着け、己の言をいれぬ政府に不満をもっている。今の民権論者は、廃藩置県以後の改進の根本方向に反対していないにもかかわらず、政府に向かって不平を訴え不和を生じているが、その結果は、不平の一点において守旧家と一時の抱合をなすおそれがあり、そうなれば、文明の退歩をもたらすことは明らかだ――こう批判するのである。

改進の学者＝民権派と、廃藩置県に反対する守旧家との一時的抱合。この事態への反撥が、彼をして、政府の改進を期待し支持するこれまでの立場をそのまま持続させたのである。彼の憂慮は杞憂ではなかった。板垣退助とともに民撰議院設立建白に署名した江藤新平は、征韓と封建復帰を主張する佐賀の乱の頭首となった。江藤だけではない。自由民権運動をすすめる士族民権派のなかには、実力をもって専制権力に抵抗するという名で、不平士族の暴動を支持し、その続発に期待をよせる動きが八年後半には一段と高まった。前記小松原英太郎の加わっていた士族民権派の拠点『評論新聞』は、人民の承認を得ぬ法律は真正法律と称すべからず、弾圧政府はこれを潰滅すべしと論ずる一方(三四号)、「全国の英気を引起」すために征韓論の実行を主張した(三三号)。それは「新主義の名目を藉りて旧主義の心腸を吐瀉する」ものとの『郵便報知新聞』(九年七月一九日)の批判をうけるに値する性格をもつものであった。

福沢がこうした危険にいち早く注目し、それへの批判を公にしたのは、これまでの思想・主張からして、うなずけることであった。それならばこの危険を除去するにはどうすべきであるのか。『郵便報知新聞』の社説は、士族民権派の「狂暴」民権論を批判すると同時に、「沈重」民権論を攻撃する。この沈重派はみずから漸進論者と称し、陽に民権を尊重するかの口吻をもらすが陰に民権の進路を遮る、たたかわざる曖昧論者であるとする。そして我等真純の民権論を持する者は、攻撃の重点をこの沈重派に向け、これを排破せねばならぬ、なぜなら狂暴民権論の影響は社会の中等以上に及ぶことはないが、沈重民権論は中等以上の精神を誘引して姑息の域に籠絡するからであると論じた(前掲九年七月一九日社説)。権力との闘争の観点からすれば、この戦術設定は正しい。そしてこの沈重民権論がだれを指すか明らかではないが、政府と開進学者との対立をもっぱら憂える福沢の主張の役割は、まさに沈重民権論と類を同じくしていた。

『学者安心論』が提起する解決方向は、『郵便報知新聞』とは逆である。政府あるいは政府支持の学者の論とたたかうことではなく、たたかわずにすますことである。改進の党の内部分裂をおさめる方策として唱道したのは、『内は忍ぶ可し、外は忍ぶ可らず』以来の外事優先の主張であった。いわく、「国の独立は重大なり、外国の交際は至難なり(中略)。今の時に当ては、学者は区々たる政府の政を度外に置き、政府は瑣々たる学者の議論を度外に置き、互に余地を許して其働を逞ふせしめ、遠く喜憂の目的を共にして、間接に相助ることあらば、民権も求めずして起り、政体も期せずして成り、識らず知らず、改進の元素を発達して、双方共に注文通りの目的を達す可きなり」。

この書の論旨の特徴は、政府・学者をしてともに国内政治とくに民撰議院設立問題への関心を低からしめ、学者を政治運動の渦中から引き離そうとする意図が軸となっていることである。政府と学者とが和協すれば、民権も求めずして起こり、立憲政体も期せずして成り、自然と改進の元素は発達するという、政治への傍観者的態度の慫慂である。そして学者には政談以外に重要な任務があると力説する。そこでとりあげるのが、「平民の政」と「政府の政」との区別である。人民は国政に関せざるべからず、しかしただ政府の官員となり官吏として事を商議施行するだけが政治ではなく、人民みずから自家の政に従事すること、すなわち外国貿易の事、内国物産のこと、開墾・運送の事、学者の領分でいえば学校教授・読書著述、新聞紙・講演など、これを「平民の政」「人民の政」というとする。そして文明の進歩、一国の文明は、政府の政と人民の政と両ながらその宜しきを得て互に相助けるのでなければ進むことはできないと説くのである。政治といえば為政者として人民を支配することにかぎられる専制政治的な政治概念を打破して、民衆の生産と生活からつかむ政治の概念を対置したこと、これによって「政府ありてネーションなし」との日本の権力偏重の欠陥を救い、自治自主のネーションを作り出そうとしたこと、その主観的意図は評価されなければなるまい。「政府の政は日に簡易に赴き、人民の政は月に繁昌を致し、始て民権の確乎たるものを定立するを得べきなり」とのべているように、権力の干渉を許さぬ人民の政の領域を拡大し、人民の自治を活潑ならしめることの肝要なこと、それが政府打倒だけに熱中する自由民権派がまったく見おとしている民権の基盤であることは、たしかに時流の欠陥をついた清新の主張であった。しかし民権の確立は、権力への抵抗と人民の政の拡大との両面のたたかいが並びおこなわれる、あるいは相関連してすすめられることで実現するものであり、どちらが大切だということではない。ところがこの書では、「人民の政」を間接の政治参与と規定し、間接の勢は直接の力よりもかえって強しと、間接の参与の方を重視せよと説教するのである。いいかえれば政府の施政にたいする批判の言、政府の弾圧にたいする抵抗の力をわきにそらす効果をもつ発言であった。政府と学者の衝突をさけるため、居所を別にする、分担を異にさせる、そのための「政府の政」と「平民の政」との区別であった。こうした発言趣旨の立場は、前記の五月一日の加藤・森との討論の場合より後退したものであったことは明らかである。政治への主体的能動的態度が、政治的行動からの回避的態度に変わっているからである。これが、『明六雑誌』の発行中止提案が標榜する各自の責任ではたすという自由発論の内容だとすると、停刊提案は、弾圧にたいする自主的抵抗を実現するための措置ではなく、弾圧を恐れこれを避けるための後退の措置となってしまう。そして政治への能動的立場といっても、権力が同調しているかぎりでのそれへの積極的協力をいうにとどまり、ひとたび権力が弾圧に出るや、たちまち間接の参与に逃げこんでしまうと理解されるのである。いったいそう評価して良いのだろうか。

『学者安心論』の論旨をもって、ただちにその半年前(『学者安心論』の執筆は九年二月である)の停刊提案の真意と理解することは福沢に酷だといえるかもしれない。この半年間の情勢の悪化は非常なものであったからである。宮武外骨氏の筆禍記録によれば、弾圧法規にふれて新聞人が処罰されたのは、八年八月〜一二月が九件、これにたいし九年に入ると、一月が五件、二月が六件、三月が一八件という激増ぶりであった(朝日新聞社『明治大正史』言論編)。彼の身近なところでも、八年一二月『郵便報知新聞』の藤田茂吉が禁獄一ヵ月、罰金二〇〇円に処せられ、九年二月には『朝野新聞』の末広鉄腸・成島柳北が、それぞれ二度目の下獄をした。柳北が出獄後執筆した『ごく内ばなし』には「各社の記者陸続法網に罹りて此中に堕つ。房々処として新聞記者ならざる無く、故に記者自ら一房中に同栖せざるを得ず。是に於て乎遂に禁獄世界の景況を一変するに至りしなり」と記した(前掲書)。

こうした情況が、『学者安心論』に影響をあたえたことは明らかである。この執筆開始は、末広・成島の判決の翌日である。福沢は三月四日附でこの出版許可を出願したが、なかなか許可が下りなかったので、三月一八日原稿内閲のため草稿を東京府経由で内務卿に提出した。これにたいし「草稿ヲ徴スルノ外ハ草稿差出ニ不及」と原稿を差し戻されたという事実がある(第四巻後記)。これは福沢の名誉となる行為ではなかった。出版物取締りの出版条例の規定にない原稿の自発的提出をあえておこない、条例に背くことのないとの官の承認を求めようとしたことは、停刊提案にいう「人をして我思想を支配せしむるもの」にほかならない。それは取締り法規があるかぎりやむをえぬことというかもしれない。しかしことさらに自ら求めて官許をえようとした行為は、言論・思想の自由を主張する立場からの逸脱といわざるをえない。いかに苛酷な言論抑圧を恐れ、筆禍から逃れるに腐心していたかを察することができる。この書にも新聞記者の禁獄に言及し、「其罰の当否は姑く擱き、兎に角に日本国に於て学者と名る人物が獄舎に入りたると云ふ事柄は、決して美談に非ず。(中略)此一段に至ては政府の人に於ても学者の仲間に於ても、苟も愛国の念あらん者なれば、私情を去て之を考え心の底に之を愉快なりと思ふ者はなかる可し」とのべた。人民の指標たるべき学者が獄に入ることは困ったことだというが、その原因・当否は「姑く擱き」と追求せず、お互に理解しあい協力しあおうというところに、この時期の彼の姿勢の後退が表明されていた。学者とは、官と人民との中間にあるもの、かつては学者は人民の列に加わり、官に均衡する民の力を作るにつとめよと説いたが、いまは学者は官との対立をやめ、協力して上からの改進を保持せよとのべる。その変説は明らかであった。

3　士族の役割の評価

士族対策という性格がいっそう濃くなったのは、明治九(一八七六)年一一月執筆の『分権論』であった。この論文の著述意図について山口廣江宛書翰(明治九年一二月)は、「諸る所は今の士族に左袒し之を利用せんとの趣意」だとのべている。九年一一月といえば、その前月に熊本神風連の乱、秋月の乱、萩の乱と保守派士族の暴動があいついでおこり、個別に撃破鎮圧された直後であり、西郷隆盛を擁する薩摩士族の挙兵の危機も刻々とせまっていた。政府と自由民権派の対立抗争を改進派の分裂と見、これをおさえるのに腐心した福沢が、この時期、士族を暴発から引き離し、これを改進の陣列に引き入れることに力を集中したのは、彼と時局とのかかわりあいの推移からすれば、不見識ではない。『学者安心論』でとりあげた学者を士族一般に拡大したのが、この書であるからだ。

『分権論』の要旨はつぎのごとくであった。明治維新の政治の変革は士族の力に出たことであり、士族固有の力が形を変えて文明開化・進歩改進の箇条をかかげて進み今日に至ったと評価し、今日の士族を三類に分ける。第一類は、いわゆる文明開化を唱える政府の役人であり、野にあるも職業をえて成功したものである。第二類は、文明開化の域に入ったが志を得ぬもの、すなわち官を得て之を失い、官を求めて官を得ざるものであり、あるいは新規の商業等を企てて成功しないものであり、要するに今日の民権家である。第三類は、士族固有の気力を持続して変ぜざるもの、古風旧格を守って変動を好まぬ守旧家である。そして最近の士族暴動では、本来対立すべき第二類と第三類が第一類たる政府役人を敵視するという点で一致するという形になっている。そしてこの士族暴動は勝利をうるはずはなく、政府によってつぎつぎと鎮圧されるのは必然である。その結果、どのような事態が生まれるかといえば、士族の精気、国事にたいする関心知識は蒸発しつくし、政治意識なき農工商三民に等しくなるか、それよりもさらに貧困で賤しき糟粕のみを残すこととなろう。そうなれば兵乱はなくなるが、政府の基礎はますます固く、人民の気風はいよいよ穏かとなり、封建時代と同じこととなるだろう。そうなった暁、世の人才が自分に適した地位を求めようとしても、その地位は政府が占領しているし、商工業に従事しようとすれば、政府に頼らなければ財本を得ず、あるいは頼ろうとしても政府みずから着手しておって民間の人の活動の余地はない、著書飜訳を業とすれば、官に出版の廉価なものが多くしてこれと競うことができない、地方に民会を起こして事を議そうとすれば、地方官の指令に柔順な区戸長がえられるにすぎない、こうした状態となるだろう。それならばこれを救う道、日本国の盛衰興敗の原因たる士族の方向を一にし、改進派も守旧派も同一様の道――これは改進の方向しかない――を進ましめる方法は如何。士族を無用の長物だと見ることはできない。況んや改進の路についている在野の士族においてをや。これは国の良材と名づくべきだという。

ここで彼が士族の働きの貴重をいうのは、第二・第三類の士族、すなわち民のなかにいる士族である。そしてこの士族の「精気」の存続に、官の力に平均する民の力の、当面の保障を期待したのである。ここまでは、前述した明治八年五月の明六社での民撰議院設立支持の彼の発言のなかにあった、士族も日本人民の一部という発想に連なるものであった。ただこの書の主張の重点は、民権派の士族をして処を得せしめ、間接に守旧派士族を文明開化の方向に転じさせようというのである。ここで国権を政権(ガーヴァメント)と治権(アドミニストレーション)に分けるという考えを出し、政府は政権をとり、地方の人民は治権をとり、政権は中央集権、治権は地方分権をよしとすると主張する。政権は法律制定、海陸軍の統率、租税の収納、外国交際等々であり、治権は警察の法、道路橋梁の営繕、学校寺社遊園の事、衛生の法等々である。かくて地方に治権を分かち、その上で中央の政府に会し政権の得失を議し、治権と政権との関係を論じ、その権力の平均を保護すること、これが民撰議院の設立なのであると説明する。そして対外独立の基礎たる自治の精神を養う道は、地方の治権をとって公共のことに参与させるほか実地の良策はない。「地方分権は外国交際の調練と云ふも可なり」。

この政権と治権の分離という考えは、文中で示しているように、社友小幡篤次郎が抄訳したトクヴィル(A. Tocquevillé)の思想からヒントをえたものである。トクヴィルは、フランスの政治学者で自由主義の代表的思想家の一人であるが、たまたま学び知ったこの政治理論を利用して、士族の政治的関心のあり方を転換せしめようとしたと理解することは、妥当ではない。彼の政治思想からしても、トクヴィルの理論をうけいれる必然性はあった。前述の『学者安心論』の「平民の政」の構想を具体化したのが地方自治論だということができるだろうし、おそらくはこの

『学者安心論』執筆と同じころ――九年の初頭に書いたと思われる『覚書』7のつぎの論述とも見あうものだからである。

「君主専制家にもせよ、共和政治家にもせよ、皇統連綿を唱ふる旧神道の神主より仏蘭西流のレッドレパブリカンに至るまで、其主張する所の説こそ異なれ、一国の政府を極て有力なるものと思ひ、政府を改革すれば国の有様は思のまゝに進歩するものと心得、事物を信ずるの度に過るは此も彼も同一様にして、何れも政府は唯人事の一小部分たりとの義を知らざるものなり。今の内閣の小児共が乙に守旧抔と唱へて世の中を制せんとし、在野の青書生等が民権とか何とか云立てゝ騒ぐこそ可笑けれ」

人民の自主自由たる活動の余地をできうるかぎり広く保持するための政府の権力機能の限定、そこに政治の民主化の鍵を見出すべきなのに、在朝の守旧派(君主専制家)も在野の民権派もこれに逆行する点では同一だと批判する。「今の民撰議院論は、人民の領分を広めんとするに非ずして、政府の権を分て共に弄ばんと欲するに過ぎず」。この指摘は、たしかに自由民権派の思想の盲点をつく鋭い批判である。そして彼が『分権論』で、中央政治への士族の関心の集中を地方政治の参加に転換しようとしたのも、この『覚書』の考えの展開にほかならなかった。

しかし民権の基盤たる人民自治の伸張が、この論文の目的ではなかった。目的は士族対策であり、士族の政治活動の分野を地方自治に誘導し、政府との抗争を回避させようとするにあるのである。地方分権論は「方便」であり手段である。本来であれば、この目的と手段とはいれかわらなければならない。しかし彼は「今の時を救ふは急なり。他は之を後日に期す」と本書の末尾に記した。『文明論之概略』最終章以来、しばしばとってきた手法である。本来の手段が当面の目的化されるのは、情勢がさし迫って、手段が失われる危険が切迫しており、そうなれば本来の目的が達成されないこととなるという情勢判断が正しいことで、正当化されるのである。彼はたえず対外危機の切迫、国権強化の緊要さを主張する。しかしこの大情況は、今日とくに逼迫しているということではない。福沢がこの論文で、「今の急」というのは、国権強化の条件と見る士族の政治意識が解体に瀕しているという危機である。この情勢判断が首肯されてはじめて、地方分権制を手段化することが承認され、その結果採用された地方分権制が民権の伸長に資することとなるという彼の構想、たたかわざる民権論、手段としての民権論、結果としての民権論が、この時点で一定の積極的意義をもつものとして理解できることとなのである。

ところでこうした情勢判断は客観的にどう評価できるであろうか。明治一〇(一八七七)年二月西郷隆盛は挙兵し、士族反乱の最大最強なるもの、西南戦争がはじまった。士族民権派が、民権のたたかいの勝敗を西郷軍に賭けたことはいうまでもなかった。『評論新聞』取締海老原穆が、西郷方の首領桐野利秋宛の書翰に、「即今実に一大好機会、正に堂々真に大挙して全国人民の困苦を救ふべきの期と存居(中略)、積年の忿懣を流血の中に晴し可申と日夜屈指相待候」とのべたのは、戦乱勃発の直前であった(『杉田鶉山翁』―自由民権派杉田定一の伝記)。暴力に反対し言論のたたかいによるべきを主張した『郵便報知新聞』は、九年秋以降勃発する士族の挙兵に反対し、彼らが自分たちだけが日本の運命を背負うかの言辞を弄するは畢竟「人民を蔑如するの甚しき」であり、「日本帝国には士族ありて人民なし」との意識だと批判してきた(九年一一月一一、二〇日社説)。その郵便報知の社説執筆者すら、西南の役の機会をはずしては、日増しに強化されてゆく専制政府をたおす機会は永遠に逸し去るかに思われ焦慮した。社説(一〇年二月一六日)はこう主張する。人民は戦乱の波及を防止するため「自衛の盟社」をむすべ、この各地の盟社が相結合し、欧州の自由都市のごとくなれば、将来の真政(民主政治)の一大基礎となるであろう、この挙は日本人民に「実力自衛の貴重」を知らしめ、「自他の非理に抗争するの思念」を失わざらしめんためである、と。さらにすすんで西郷挙兵を支持するに至る。西郷の倒幕の挙から今次の挙兵までに終始一のごときものは「強者に抗するの志気」であり(一〇年五月一日社説)、「若し戦闘なければ、内何を以てか改革の精神(「ライト・オブ・レボリウション」―原文ルビ、次も同じ―筆者註)を伸ぶる事を得、外何を以てか権力の平均(バランス・オブ・ハオル)を保つを得んや」という(一〇年四月一七日社説)。『郵便報知新聞』は、たしかに西南戦争を「人民の戦」に転化することをよびかけた。そして、「人民の頼て其の最後の開運を期す可き者は、唯曲直正邪を干戈に訴へ、満腔の熱血を以つて天賦の権利を伸るの外無し」とのべたのであった(一〇年四月二五、二六、二七日社説)。

『郵便報知新聞』の主張は、福沢の考えと無関係ではなかったはずである。士族反乱の敗北は官が民に圧倒的優位に立つ事態をもたらすとの『分権論』の警告は、むしろ民権派に先立つものであった。彼もまた情勢の急迫に焦慮していた。戦争勃発直後『西南戦争の利害得失』20を起草し、政府勝利の場合の利益は、武力をもって政府を覆す慣習を遺さず、また外国にたいし国の体裁を失わざるの一事にありとしたが、その害は、必ず士族の気力を失わしめ、政府専制の慣習を養成し、開化の歩を遅々たらしめることにあると論じた。そして利をとることよりも、この害を防ぐことが必要だと論じた。彼は中津士族の連名で、建白書を出そうと、慶応義塾に在学していた中津の子弟に命じた。その内容は、政府が討伐令を出すのは、維新第一の功臣たる西郷にたいする措置として穏当でないとその猶余を求めた趣旨であった。しかしその時期を失すると、建白書の内容をあらため、一時休戦して臨時裁判所を開き、公平至当の処分を下されたいとの建白を、中津有志総代をして京都の行在所に提出させた。

相変わらず、福沢の行動は、二様の解釈を可能にするあいまいさをもっている。一つは、右述の理解だが、もう一つは中津の士族の間に強かった西郷支持の世論、三月には、福沢の再従弟で塾に学んだ増田宋太郎らの一派が西郷に呼応して挙兵した、そのような動きをしずめるための建白の挙だという解釈である。建白書の内容は、新味もなく迫力もない。この挙で西郷軍の敗北が阻止できるつもりもなかったろう。それならば坐して敗北を傍観しているのではないという見せかけをつくるためにすぎぬものであったのか。そう考えることは、つぎにのべる『丁丑公論』にそそがれた彼の気魄から、躊躇せざるをえないのである。

九月、西郷が戦に敗れ城山で死ぬと、福沢は、ただちに筆をとって『丁丑公論』を書き、西郷にたいするはげしい愛惜の情をのべた。いわく「余は西郷氏に一面識の交もなく、又其人を庇護せんと欲するにも非ずと雖も、特に数日の労を費して一冊に記し之を公論と名けたるは、人の為に私するに非ず、一国の公平を保護せんが為なり」と。一国の公平を保護するとは何か。またこの書の緒言で、執筆目的をこうのべている。

「政府の専制咎む可らずと雖も、之を放頓すれば際限あることなし。又これを防がざる可らず。今これを防ぐの術は、唯これに抵抗するの一法あるのみ。世界に専制の行はるゝ間は、之に対する抵抗の精神を要す。近来日本の景況を察するに、文明の虚説に欺かれて抵抗の精神は次第に衰頽するが如し。苟も憂国の士は之を救ふの術を求めざる可らず。抵抗の法一様ならず。或は文を以てし、或は武を以てし、又或は金を以てする者あり。今、西郷氏は政府に抗するに武力を用ひたる者にて、余輩の考とは少しく趣を殊にする所あれども、結局其精神に至ては間然す可きものなし」

そして執筆意図のしめくくりをこう表現する。「以て日本国民抵抗の精神を保存して、其気脈を絶つことなからしめんと欲するの微意のみ」と。政府の専制にたいする抵抗精神の必要の強調、そして西郷の抵抗精神を「日本国民抵抗の精神」の気脈を伝えるものと絶大の評価をあたえたことは、この一〇ヵ月ほど前に執筆した『分権論』とまったく趣を異にしていた。西郷が主張した下野の原因となった征韓論を支持していたのではなかった。わが国の独立を憂うる立場からすれば、亜細亜諸国との和戦は国の栄辱とするに足らず、征韓は止めるべきだとの論文『亜細亜諸国との和戦は我栄辱に関するなきの説』[20]を『郵便報知新聞』紙上で公にしたのは、八年一〇月であった。また薩人が勝利をえるときは、かならず一時新政を布き、人民の権利を許し、学者の説を容れるだろうが、結局武人だから、事務に降参して小俗吏輩に欺かれるであろうと『西南戦争の利害得失』で指摘した。しかし『丁丑公論』では、西郷反動説を反駁して、西郷は決して自由改進を嫌うにあらず、真実文明の精神を慕う者というべしといい、「人民の気力の一点に就て論ずれば、第二の西郷を生ずるこそ国の為に祝す可きこと」と説く。さらに、国法は政府と人民との間に取り結んだ約束であるから、政府を顚覆して法を破る者は違約の賊として罪せよとの論――これこそ『学問のすゝめ』四編の遵法の論説であるのだが――を反駁し、眼目は事物の秩序を保護して人民の安全幸福を進めるかどうかの実のいかんにあり、「有名無実と認む可き政府は之を顚覆するも義に於て妨げな」しとまで断ずるのである。

『丁丑公論』の論調は、平常の主張から見れば異常と思われるほど高調したものであった。福沢と西郷とは面識はなかったが、互に相手に敬服していた。西郷は『文明論之概略』を郷党の青少年に読むことをすすめ、彼らのうちから多くのものを慶応義塾に入門させたし、福沢もまた西郷の人物精神を称揚していた。しかし『丁丑公論』での西郷弁護は、そうした個人感情から出たことではない。だから彼は、人の為に私するに非ず、という意味で公論と名づけたという。彼はこれまで、政府を改進の党と規定し、政府の側がまず権力を縮小し、憲政実施の誠意を示せと説き、士族の政治関心を地方自治に向け、空論を去って着実の論たらしめようとした。しかしあの手この手の論理を使っての政府説得も空しいものとなった。「明治七年内閣の分裂以来、政府の権は益堅固を致し、政権の集合は勿論、府県の治法、些末の事に至るまでも一切これを官の手に握て私に許すものなし(中略)。政府は唯無智の小民を制御して自治の念を断たしむるのみに非ず、其上流なる士族有志の輩を御するにも同様の法を以てし、嘗て之に其力を伸ばす可きの余地を許さず」――この専制の一方的強化を黙過することができなかった。すでに西南戦争勃発の二月、「抑国民たる者が其国の安寧を妨るは甚善からぬことなれども、亦随分之を妨るに堪ゆ可き丈けの気力をば備へざる可らず。此気力ありてこそ、内は文明の歩を進め外は敵国に対して能く独立の地位を保存するを得るなり」と記して、国安を害する士族の気力を尊重するとのべた(『三種人民の長短所を論ず』19)。彼は抵抗権・政府顚覆権(革命権)の承認に近づいたかに見えた。しかしその権利を担う者は、農工商三民ではなく、士族であった。国を維持する原素たる士族の気力、忠義武勇は開国以来の社会情勢の変化によって変わらざるをえないし、昔日の義気のみをもって国を立てることもできないと、『分権論』で指摘していた。

所詮、士族の義気は西南戦争をもって終わるべきものであった。「西郷志を得るも第二の西郷ある可らず(中略)。実は人民の気力の一点に就て論ずれば、第二の西郷を生ずることそ、国の為に祝す可きことなれども、其これを生ぜざるを如何せん。余輩は却て之を悲しむのみ」——士族の抵抗精神は死んだ。その死を阻止することもできないし、ふたたび蘇生させることもできない。それを自覚していた。だから中津士族の名でおこなった建白も、無効を予期してのことであった。いわば『丁丑公論』は、士族の抵抗精神の最期にたいする弔歌であり挽歌であった。

私はかつてこの『丁丑公論』に、権力への抵抗の思想を読みとることができるとのべた(「日本国民抵抗の精神」『世界』昭和二六年二月号)。しかしこの評価は誤っている。彼は士族の「精気」の喪失、それによる国民の抵抗精神の断絶が必然であることを見抜いた。自由民権派は、西郷軍の敗北による混乱のなかから、立志社の国会開設建白に見られたように、士族と農工商三民との結合を求めて運動を再出発させた。士族の民権を国民の民権に再生発展させる方向に実践の歩みをはじめた。しかし福沢は、『丁丑公論』記述の目的たる、日本国民抵抗の精神の気脈を絶つことなからしめるための、政治行動を提起してはいなかった。農工商三民の力を信頼できなかったし、自由民権派のたたかいを有害視した彼が、それを見出すことができなかっただけではなく、士族=西郷評価の考えを公表することもさけていた。『分権論』も「何分条令に触るゝの恐れあるに付」出版せず(前掲山口廣江宛書翰)、出版したのは、西南戦争の終わった一〇年一一月であったし、『丁丑公論』も、「当時世間に憚かる所あるを以て」筐底に秘しており、これを公刊したのは、大陸政策の先駆者ということで西郷讃美が公然化した明治三四(一九〇一)年であった。法に触れる危険を冒してまで、国民の抵抗精神に訴えかける意欲をもっていなかった。法に触れるのは、馬鹿らしい、面倒だ、いったいそれまでの犠牲を払って何の益があるのだという気持があったのであろう。一年後のことであるが、義塾から出している『民間雑誌』の社説で、参議大久保利通の暗殺の事件(一一年五月一四日)を論評した論説を出したところ、当局の忌諱にふれ、発行名義人が警視庁に呼び出されて譴責され、今後かかる論説は書かないという請書を出せと命じられた。この知らせをうけた福沢は、そのような請書が出せるものか、その代わりに廃刊届を出すが良いといい、これを実行した。元老院議官で友人の大久保一翁にあて「近日は政府の法も益厳密可相成、斯る時節に危を犯して出版も無益面倒の儀、旁以て雑誌停版いたし候義に御座候」(一一年六月一日17)と書き送った。『明六雑誌』停刊の提唱も、『分権論』『丁丑公論』出版の見合わせも、この無益面倒との気持がはたらいていたであろう。火中の栗を拾わぬとなれば、士族の抵抗の精神への愛惜は、偽りであるといえぬにしても、自慰の筆であったと評すべきである。ただ政府協力の士族誘導対策の提唱だけでは、いやされぬ心中の不満——権力への批判意識がなお燃えていたことを見のがすことは、彼の理解のために公平ではないだろう。

V　国権のための官民調和

1　『通俗国権論』の外戦論

明治一一(一八七八)年六月、福沢は『通俗民権論』4を脱稿した。この書は、「上等社会の学者」をのぞいた「俗間の人」をもっぱら対象として書いた。これまでは士族暴動が鎮圧されれば、士族の政治意識が萎縮し、人民の力が失われると説いてきた。しかし今度は、民権の主張が学者・士族のみならず、一般民衆の間にひろまるであろうと予測して、執筆をくわだてた。士族と政府との対立回避の主張は、農工商三民をふくめた人民と政府との調和の主張に変わった。時に西南戦争終熄後一年、この間四月には自由民権派の全国組織である愛国社(八年二月結成されたが、まもなく消滅状態となっていた)の再興の議が板垣退助らによっておこされ、遊説員を各地に派遣して運動をおこしていたが、まだ福沢の思想に影響をあたえるほどの力をもっていなかったと思われる。だから民権思想が、「俗間の人」つまり士族以外の民衆に及ぶという見とおしは、時勢の一歩さきを見とおした情勢認識の鋭さを示すものであり、これに応じて主張の重点を移す変わり身の早さは、彼の身上であった。

ところでこの書はただちに印刷されず『通俗国権論』4の脱稿をまち、九月同時に印刷刊行された。国権の事を論ぜずして民権だけを唱えれば世間は自分の論旨を誤解する者も多いであろうという心配がその理由であった。「内国に在て民権を主張するは、外国に対して国権を張らんが為なり」とのかねての持説があらためて説かれた。しかし今回は、国権のためには民権がのび自主自由の国民ができねばならぬとの側面が一段とおさえられ、国権に奉仕する民権、国権の手段としての民権という側面が主として説かれた。『通俗民権論』では『分権論』の論旨以来の政権と治権の別が指摘され、政府がとる政権と人民が地方事務にあたる治権とが互に相侵さず、政府と人民の職分の分界をはっきり立つようにせよという。そして国会開設の前に、まず地方に人民の会議を開き、地方自治の習慣を作り、地方の会議から人物を選んで国会に出席せしむべきだと唱えた。

彼が一年半前に『分権論』で主張した地方民会・地方自治の論は、この執筆のとき、実現の緒についていた。そして『通俗民権論』執筆開始の四月に開かれた第二回地方官会議では三新法を審議し、脱稿の翌月七月にはこの公布を見た。三新法とは、維新後新設した画一的な大区・小区制をやめて在来の郡町村の制を復活させる郡区町村編制法、地方税の徴収方法および地方税をもって支弁する経費の予算を審議する府県会の設置をきめた府県会規則、地方税およびそれでまかなう支出項目を規定した地方税規則の三つの法律をさしていた。この法案の基礎となったのは内務卿大久保利通が太政大臣三条実美に提出した「地方の体制等改正の儀」という建白であった。ここにあらわれた三新法のねらいは、中央権力が人民を支配する上で、伝統的な地域共同体の機能を復活利用しようとしたこと、そしてこの地域社会を立憲制の漸進的実現の地盤たらしめようとしたことにあった。このねらいは、『分権論』での提唱の目的と基本は一致するものであった。

大久保は「欧亜(ヨーロッパとアメリカ―著者註)の皮相を移したる」にすぎぬ欧米文化直輸入の従来の政策を反省し、「外飾の実力に超過する幾層なるを知らず、所謂出店を張り過ぎたりと言ふべし」と反省した。つまり維新改革の「行きすぎ」の是正、伝統＝封建性の再評価と利用を意図した。福沢もまた『通俗国権論』で、伝統の尊重を説いている。西洋の事物を採用して怠らざることは、今日わが日本の時勢だと論ずるのだが、「然りと雖ども」とただちに限定をつける。そして旧幕時代にも「凡そ国の人口を平均して字を知る者の多寡を西洋諸国に比較しなば、我日本を以て世界第一等と称するも可なり」といい、現時小学校教育の普及の数字をあげて西洋諸国に比しすでに中等の位置にあるとその「盛大」をたたえ、批判の鋒先を世の西洋心酔論者に向ける。「余輩の考は全く心酔論者に異にして、啻《ただ》に我国の一新西洋国たらざるを憤らざるのみならず、其或は西洋国たらんことを憂るものなり」とのべ、「既に固有の文明あり、何ぞ故《こと》さらに之を棄ることを為んや」と伝統尊重を説くのである。たしかに西洋心酔論者、世の開化先生への批判は、この書物ではじまったことではなく、『学問のすゝめ』『文明論之概略』でも見られたことである。しかしそれは、西洋文物の外形の模倣にのみ止まって、西洋文明の基礎である自主自由の精神の育成、「内の文明」を忘れていることへの批判であった。したがって、西洋文明を採るにおいて何ぞ躊躇することをせん、断じて西洋の文明を採るべきなりと、凜然として言い放っていた。ところが『通俗国権論』では、かつて『文明論之概略』であれほど痛烈に批判したはずの採長補短主義におちいっているのではないか。「固有の智力を以て固有の事を行ひ、兼て西洋の事物を採て以て我固有のものと為し、棄るは極て少なからんと欲し、採るは極て多からんと欲す」と。開化改進への気魄の表明は、あきらかに弱まっていた。

かつての字を知るものの多寡は、我日本は世界第一等、小学校教育は西洋の中位、西洋模倣にすぎるを憂えるほどだという。しかし、事実ははたしてそうか。旧幕時代の教育の実体が、そのような評価を許すものでなかったことは『学問のすゝめ』『文明論之概略』で明快に指摘したとおりである。そして、学制発布後の学校教育については、政府の努力と福沢ら学者の啓蒙の成果によって、義務教育制度は整い、学制発布後三年の明治八年には小学数は二万四千校にのぼり、学齢児童の就学率は四一・二六パーセントに達した。しかしその実質は、長期欠席など事実上の未就学児童がきわめて多く、これをのぞいた実質就学率は一一年で二九パーセント、しかも生徒の大部分は、一〜二年で退学してしまう有様であった。形体だけの開化をあれほど嫌った福沢が、実質を無視したうわべだけの数字で、これまでの進歩を誇り、現状に満足していたのであろうか。それだけではない。学制にたいする人民の不満と反抗は年とともにたかまって地方の学事関係者を動かしていたし、中央でも文部大書記官西村茂樹——彼は明六社々員で福沢と熟知である——が各地の教育状況を視察した報告書のなかで、これまでのような官吏のきびしい説論による就学の強制をこれ以上すすめることは、民力の堪えるところではないと、学制改正のやむをえないことを建言していた。こうして『通俗国権論』刊行の一〇ヵ月後には、学制の中央集権的・画一的性格をゆるめ、政府の統制・強制を弱め、就学年限を思いきって短縮するという教育令を出さざるをえなかった。福沢は、こうした実情を知らなかったのではなかった。『福沢文集』巻之二(明治一一年一月刊4)の『貧民教育の文』は、「近来は諸方に教育の世話行届き、如何なる田舎の片辺りにも必ず学校の設けありて、其世話人の言を聞けば方今文運益隆盛にして村に不学の徒なしとて、左も大造らしく述立れども、余が考には村に学ばざるの徒なくして家には却て食はざるの子供あらずやと甚だ気遣はしく思ふなり」と、「文運隆盛」の背後の農民窮迫の実情に着目し、貧農は十歳の息子と八歳の娘の手伝をあてにして今年は一反の小作を増したのだから、子供の入学は好まないのだと実例をあげて説き、「衣食足りて学校起る。学校を起さんとするには先づ腹に足るほど食ひ、寒からぬほど着て然る後の分別なり」と、時弊の根源をついた。まさに『通俗国権論』の所説とは逆であった。同じときに正反対の発言をするというのは、どういうことなのであろうか。明治一〇年当時の教育普及の情況をどう判断するかは、相対的のことである。現実の財政の状態、文化の情態からすれば、よくやった、進歩はめざましいという判断も可能である。しかし他方いっそうの発展を期する立場からすれば、困難な壁にぶつかっている、外見の文運隆盛を喜ぶことはできないという発言も当然である。問題はそう判断することによって、何を目標とするかであり、この目標からする判断の選択が福沢の発言の特色であることは、前述したとおりである。

『貧民教育の文』は、農村の教育と都会のそれとの格差をどうちぢめるかを主題とする論文であり、その観点からの農村での阻害条件の指摘であった。『通俗国権論』は、国権強化の目標にもとづいて国民的自信を説く観点からの教育発展の指摘であった。どちらの指摘が優位であるかといえば、いうまでもなく後者であった。前者の目標より後者の目標の方が福沢の思想の中ではるかに重要な位置をしめていたというだけではなかった。前者にあっては、農民の生活困窮の原因の除去——地租の軽減——については、彼は国家財政の見地から反対であったから、前者の結論でのべるように、都会の学校の設備をおさえて、その費用を農村にまわすという姑息な方法か、後年の教育論文に見るように、下層民衆対象の教育を中上層向けの教育から差別し、読み書きそろばん教育に簡素化するという教育平等原則からの乖離かであり、いずれにせよ、彼の教育問題の関心をかきたて発展させるような内容のものではなかった。これにたいし後者の論旨は三つの重要な方向をこの論文の中で提示した。第一は、西洋にできることで日本にできないことはないとの文明化への激励であり、第二は、西洋の智徳おそるるに足らずとする国粋主義への傾斜であり、第三は、人民の智力の進歩いちじるしく政府の専制憂うるに足らず、「況んや外国と権を争ふの一段に至ては、区々たる内国政府の処置の如きは唯其れ社会中の一局事にして」と外事優先を主張する根拠とされたことである。こうした論旨は、国権論の目標が大きくなるにともなって膨脹し、その結果は、前者と合流して、教育改革への熱意を後退させることとなった。

『通俗国権論』でも、民権と国権とは正しく両立して分離すべからずとの主張を維持していた。しかし外事優先、民権にたいする国権の優位も明白に宣言されていた。国権の問題の方が、はるかに重大だという判断に立つのだが、その根拠となる国際政治の理解は一面的の嫌いをまぬかれない。『文明論之概略』では、各国交際は天地の公道にもとづくべきだという主張と、世界中に国家があるかぎり、国民の私情＝報国心をもって接せざるをえずとの指摘とがともかくも併立しており、そこに「一身独立して一国独立する事」というテーゼが成り立っていた。ところが『通俗国権論』では、「百巻の万国公法は数門の大砲に若かず、幾冊の和親条約は一筐の弾薬に若かず」といい「各国交際の道二つ、滅ぼすと滅ぼさるゝのみと云て可なり」と結論するのである。

相手を滅ぼすか、相手から滅ぼされるかの二者択一をせまる論理は、極端な予測をたて判断を固定化する、『文明論之概略』が批判する「惑溺」の弊におちいるものではなかったか。そして従来の論著に見ない硬直した論理からは、つぎのような提言が出てくるのも必然であった。「一国の人心を興起して全体を感動せしむるの方便は外戦に若くものなし」――もっとも彼は、この外戦の主張について、戦を主張して戦を好まず、戦を好まずして戦を忘れざるのみとの趣意だと弁解しているのであるが、人心を感動せしめ、これを永年に持続させる力を戦争以外のもの、言葉をかえれば国内政治の民主化に求めることができなくなっていたところに、当年の彼の位置と姿勢の特色があったといわなければならない。

こうした『通俗民権論』『通俗国権論』にたいして、自由民権派から原則的批判が出るに至ったのは偶然でなかった。植木枝盛は、明治八、九年の東京遊学中に明六社の公開演説会および慶応義塾での三田演説会に精勤した様子は日記に克明に記され、『かたわむすめ』『学問のすゝめ』『文明論之概略』を読んだことは『閲読書日記』から知ることができる。家永三郎氏は、植木の思想に福沢の影響が強いことを指摘している(家永『植木枝盛研究』)。その植木が愛国社の機関紙『愛国新誌』(一三年一一月)の論説『人民ノ国家ニ対スル精神ヲ論ズ』で福沢批判を試みたのは、福沢の所論が自由民権運動の障害となっていると判断したからであった。

「某ノ学者ノ如キハ民権論、国権論ト云フノ二書ヲ著ハシ、之ニ書シテ曰ク、民権ヲ張ルハ国権ヲ張ランガ為メナリト。嗟呼何ゾ其言ノ理ヲ失スルモ亦太甚シキヤ」

この「某ノ学者」が福沢であることは明瞭である。植木は、民権は国権を張るためとの論を、民権を政府や官吏にうけいれさせるための方便としてのごまかしの言、「官モ民モ皆ナ一ツニ之ヲ其内ニ引キ入レ、之ヲ打交ゼテ骨モ筋モナキ程ニ親和セシメテ(中略)、政府ト人民トノ両者ヲ将《ひき》テ倶ニ之ヲ曚昧暗愚ニ陥ラシムルノ策」と鋭く批判した。植木はかく主張する。「民権ハ国権ノ奴隷ニアラザルナリ。何ゾ国権ノ為メニ民権ヲ張ランヤ。民権ヲ張ラントスルハ民権ヲ張ルガ為メノミ。国権ヲ張ルモ亦民権ノ為メニ之ヲ張ルノミ」と、逆に民権を中心と考うべきを主張した。また官民調和論を駁していう。

「畢竟何ノ道理カ官民ノ調和ト云フ事アランヤ。官ト民トハ利害ヲ異ニスルモノナリ。利害ヲ異ニスルモノハ調和スベキニアラザルナリ。而シテ政府ト人民ト利害ヲ異ニスル事ハ国家ノ為メニ甚ダ善キ事ニシテ、国家政治ノ道理闡明ニナルノ基礎ハ政府人民利害ヲ異ニスルニ在リト云フモ不可ナキ程ノ事ナリ」

まことに自由民権派からする透明な正論であった。植木は、福沢の所論の誤りの根拠が官にもあらず民にもあらずその中間というあいまいな立場にあることを指摘し、「矢張リ吾レハ人民タリト云フノ純然タル身分ヲ以テ、人民タルノ権利ヲ貫キ、断然其望ム所ヲ吐キ、其好ム所ヲ言ヒ、己レハ己レノ方向ヲ立テ、其心ヲ達スル事ヲ図ルニハ若カザルベキナリ」と、人民の立場に

刊行にあたって

ふたつの「世紀の送迎」の後に

〇〇年大晦日、東京三田の慶応義塾で「世紀の送迎会」が始まり、「逝けよ十九世紀」が朗読された。〇一年元旦午前〇時、仕掛け花火により「二十センチュリー」の文字が夜空に浮かんだ。ここで新世紀に立ち会った諭吉は二月に、「一年有半」の兆民は十二月に、世を去った。「送った十九世紀」はどのような時代であったのか、「迎えた二十世紀」はどのような時代であったのか。本シリーズにより、諭吉・兆民はじめ、あまりにも早く逝いた透谷、四五年敗戦前後に死した西田・三木・戸坂などを含めた思想家を通して、日本にとっての近代、近代にとっての日本、について、「迎えた二十一世紀」の光芒のなかで考える手がかりを得たい。

半世紀を超えて完結

二〇〇八年新春に刊行する『吉野作造』をもって、本シリーズが完結する。刊行開始は一九五八年。五十年を超えての刊了である。「近代日本の思想家」に対して、現代がいかなる角度から、いかなる側面に、光を当てえるか。ここに新装刊＋新刊として、われらの思想資産を読書世界におくる。

推薦者のことば

鶴見俊輔

彼らの古びかたを見よ

黒船来航から百五十年。私たちは、近代日本思想史をその古びかたにおいて見ることができる。ここにとりあげられた十一人は、それぞれの持久力によって、二十一世紀初頭の日本人にうったえる。「……はもう古い」というせりふをあいもかわらずくりかえす現代日本の知識人の間にしっかりと立つ人びとの著作である。

著者のことば

東京大学名誉教授・松本三之介

『吉野作造』を何とか完成にまでこぎつけることができた。シリーズ「近代日本の思想家」の一冊として執筆依頼されてから、おおくの歳月が流れたものである。十数年前に『北村透谷』を色川大吉さんが出されてシリーズでの未刊は私一人となり、各方面にご迷惑をかけて心苦しく思っていたが、ようやく胸のつかえもとれたというところである。これまでは論文集が主であった私にとって、この本は初めての本格的書き下ろしで、その点でも感慨深い。

私の『吉野作造』の刊行に先だって、既刊の10冊が新装版としてふたたび公刊されるという。近代日本の思想家に託した著者たちのそれぞれの思いを、今日的な状況のなかで問いなおし、新しい時代への展望に活かしていただければ幸いである。

企画者のことば

元編集者・山田宗睦

このシリーズの第一冊は一九五八年に出た。敗戦の衝撃から十年以上がたち、世相はおちついてきていたが、それだけに、戦前の評価とはちがった、戦後独自の基準が欲しかった。近代日本の思想家に、どういう基準で誰を選ぶか。熱い議論の末、十一巻という形ができた。十でもなければ十二でもない。十一巻の形に熱い議論の痕跡がある。私が評論家に転じた後も、東京大学出版会は辛抱強く続巻を出し、五十年の後ついに全巻完成にこぎつけた。

戦後という時代は今また次の時代に変貌しつつある。五十年もの経過をへて成った本シリーズは、戦後の基準を保ちながら、次の時代への試練にもたえ、二十一世紀の日本の進路を考えるのにかかせない思想家列伝となったのである。

立つべきを説いた。植木は、福沢の言が「方便」であり、「姑息」であり、「ゴマカシ仕事」である、つまり原則欠如の情勢論だと批判するのである。

これにたいし福沢は、植木の論は現実ぬきの原則論だと反論するであろう。やがて福沢が、自由民権論の原則からする世界主義――のちに植木は諸国家の国際的連合体たる「万国共議政府」によって国際平和を維持する『無上政法論』を著述した――が天然自然の「正道」であり、「人為の国権論は権道」であることをみとめつつ、しかも弱肉強食の現実の国際関係の下での日本の針路については「我輩は権道に従ふ者なり」と明言するに至ることは後述する如くである(一五五ページ)。問題は、『文明論之概略』の場合にも指摘したが(一九三ページ)、彼のあえてとる「権道」のなかで、どれだけ「正道」を実現するかにかかっていた。植木が批判したのは、この「正道」が「権道」のなかでとり失われる危険を感じたからである。国権のための官民調和によって、平穏裡に民権も張り国会も開かれるかもしれない。しかしそれが人民にとっていったい何であるかと植木は詰問する。

「由《よ》シ民権モ張レ国会モ開ケルトモ、是レハ張ルベキ道理ヲ明カニシテ張リシニアラズ、開クベキ道理ヲ明カニシテ開キタルニアラズ、政府モ與ユベキ道理ヲ明カニシテ與ヘタルニアラズ。開クベキ道理ヲ明カニシテ開キタルニアラザレバ、其精神ハ曾テ進ム事ナク、未ダ真純ノ益ハアラザルベシ」(『明治文化全集』自由民権篇続)。

丸山真男氏は、福沢の価値判断が相対的＝条件的であるという特色を指摘した上で、「福沢から単なる欧化主義者ないし天賦人権論者を引出すのが誤謬であるならば、他方、国権主義者こそ彼の本質であり、文明論や自由論はもっぱら国権論の手段としての意義しかないという見方もまた彼の条件的発言を絶対化している点で前者と同じ誤謬に陥ったものといわねばならぬ。文明は国家を超えるにも拘らず国家の手段となり、国家は文明を道具化するにも拘らずつねに文明によって超越せられる。この相互性を不断に意識しつつ福沢はその時の歴史的状況に従って、あるいは前者の面をあるいは後者の面を強調したのである」と論じた（前掲「福沢諭吉の哲学」圏点、原文）。この評は、『文明論之概略』の所論にはあてはまる。『通俗国権論』もたしかに民権と国権の両立を説いている。しかし自由の主張と国権強化の主張とが対抗緊張しあっているという論理構造をこの書はとっていない。「今民権論と両立して特に大切なる国権に力を尽すこと」を主張しているのである。「特に大切なる」と評価の上下を附し、外事優先の意向を明らかにしていることが『通俗国権論』と『通俗民権論』とを、ワン・セットにした理由なのである。そのことによってどのような効果を期待するのか。一一年一〇月六日の日付をもつ『通俗国権論』（二編）の緒言はこうのべている。民権をめぐっての政府と人民の対立を緩和し、官民一致してことをなす場合にも至るであろう、「外の重大を勉めて誤ることなくば、内の民権も自から其目的を達する、固より疑を容れず」なのである。民権は、国権への尽力の結果として「自から」実現するという、従属的位置におかれている。彼が心配するのは、政府の権が過強であれば民を苦しめるし、民権が過強であれば政府を煩わすという一利一害であり、その是非は「水掛論」だという。しかし政府の権の過強と、人民の権の過強とが等置されるほど、現実の民権は強くなっていたのであろうか。さきの教育の取扱いと同じく、国権優位と官民調和を説く必要から、民権伸張が事実をゆがめてまで過大に評価されるのである。この場合、彼は文明発達の必然的結果として、民権も伸張するはずという必然論と、すでに民権は発達しているという現状論とをすりかえることで、国権のための官民調和、その結果あるいは手段としての官民調和による民権の実現という構想を成り立たせた。

官民の抗争を回避するための官民調和、その達成による国権の拡張、福沢の思想をこう理解することは、福沢の思想構造の特質を無視した評価という批判を受けるかもしれない。官民調和論を国際危機を乗り切るための一種の政治的休戦の提唱として解釈することは、彼が『文明論之概略』や『学問のすゝめ』で説いた文明の精神と、少なくとも直接的には何の連関ももたぬ時務論だということになるが、彼の文明と独立についての問題意識の熾烈さを知るものにとっては到底納得できないという見解も成り立つのだろう（前掲丸山「福沢諭吉の哲学」）。たしかに『通俗国権論』のあとまもなく執筆した『民情一新』（一二年八月刊5）には、つぎのような論旨がふくまれている。——文明が進歩すれば人びとは道理に依頼して社会はしだいに静謐になると考えるのは誤りで、社会の騒擾はかえってはなはだしくなるのだ。文明が進歩すれば、ますます官民の衝突が増し、政府と人民と両立すべからざる情況が増大する——と。官民衝突の激化は、文明進歩がもたらす必然的現象だとすれば、これを回避あるいは阻止しとおすことはできないということになる。「保守の主義と進取の主義とは常に相対峙して、其際に自から進歩を見る可し」と、社会進歩の観点から対峙・対立を肯定していたように見えるのである。

それならばこの考えと官民調和の言とは、どのような関連にあるのか。『民情一新』の論旨に即して考えてみよう。この書で彼は、ヨーロッパ文明とアジア文明のちがいの究極の根拠を人民交通の便に求め、とくに一八〇〇年代の蒸気船・蒸気車・電信・郵便・印刷の発明が社会の変化、民情におよぼした著大な影響に着目した。この発明は、ヨーロッパのみならず、世界中に波瀾を引きおこす。日本もその例外ではない。わが国でも、蒸気と電信の輸入は、わが国と外国との国際関係を変化せしめたばかりでなく、国内の変動をひきおこさざるをえない。「結局我社会は今後この利器と共に尚動て進むものと知る可し」と。彼はギゾーの著書等に学んで、近代文明の基礎が産業革命による生産・交通の技術の飛躍的発展にあることを知った。この唯物論的な歴史観が、社会の進歩、民心の変動を歴史的必然であると見る認識を強めた。しかし欧米社会について産業革命の意義を知ったことは、同時にそこでの資本主義の矛盾から眼をそらすことができなくなったことを意味した。彼はイギリスの民情変化の徴として、労働者のストライキの激成、「貧賤に左袒して富貴を犯す」チャーティズムとソーシャリズムの流行を記した。そして、それは人民教育の結果だというウォークフヒルドの『植民論』という書物のつぎの記述を紹介する。

「人民の教育を称賛するは方今の流行にして、社会の百善皆教育より生ずと云はざる者なし。余も亦甚だ同説にして、斯くあらんことこそ企望する所なれども、如何せん今日に至るまで未だ之に由て一善の生ずるを見ず。下民の教育は其身の幸福を増さずして却て其心の不平を増すに至る可きのみ。我国普通教育の成跡として見る可きものは、方今『チャルチスム』と『ソシャリスム』の二主義の流行を得たり」

こうした情況はロシア・ドイツ・フランスにも見られ「人民も政府も共に狼狽して方向に迷ふ者の如し」と記した。生産・交通の発達が、保守と進歩の対抗をはげしくし、その中から進歩はおのずから生まれるとの原理を承認しながら、欧米人がその進歩の成果に信頼できなくなっている実情を紹介する福沢もまた自由民権運動の情況から文明の進歩に懐疑せざるをえなかったのは、世界史的に独占資本主義の段階に入りつつあった一九世紀八〇年代の特色のあらわれであった。そこから保守の弊害とともに「進取の進で止るを知らざるものも亦恐る可し」との言が出ることとなる。

かくて彼は「世の文明開化は次第に進む」という漸進主義の主張となり、進取の主義と保守の主義とが相拮抗するというよりも、むしろ前者が積極の働き、後者が消極の働きとして相補い相協同すべきものとして扱われ、「文明は猶大海の如し(中略)。文明は国君を容れ、貴族を容れ、貧人を容れ、富人を容れ、良民を容れ、頑民を容れ、清濁剛柔一切この中に包羅す可らざるはなし」という、一切の異なる立場を包摊する無主義となるのである。いまの世界の人類にたいしてその不平不満足の原因を除き去ることは人力の能くできることではないという。そうなれば、一方では国会開設是か非かではなく、国会は一八〇〇年代文明の必然的所産として承認しながら、他方で植木の説とは逆に、開くべき理を明らかにすることが重要なのではなく、「人民の不平を慰めて国安を維持する」方便としての国会開設の仕方、国会運用の仕方が問題の中心とされることとなるだろう。

明治一二年といえば、自由民権運動が士族中心の運動から脱却し、農工商三民にも呼びかける国民的な運動へと成長する足取りを確実にした画期的な年であった。前年九月に第一回大会を開いた再興愛国社は、この年二月第二回大会を開き、引き続いて一一月の第三回大会では、国会願望のための全国的な請願運動をおこなうとの方針をうち出した。

こういう政治情勢の展開を背景に『国会論』5と題する論文が『郵便報知新聞』の社説に掲載されたが、これは福沢の筆であり、掲載がおわると、ただちに門弟で社説記者である藤田茂吉・箕浦勝人の名で単行本として、一二年八月に出版された。この書では、福沢はふたたび積極的な国会開設論者という姿勢で登場する。緒言にいう「我儕の国会論に於ける、数年以来固く執りて変ぜざるの説なり。当初其論題の初めて社会に現はるるに当てや、我儕亦其主唱者の一人たるを自信するなり」と。彼は二、三年前に書いたであろう『覚書』では、民撰議院論は政府の権を分ってともに弄ぶものと非難した(一二一ページ参照)。しかしいまやこの『国会論』では、国会開設要求は、国権の一部を割き人民にあたえることを要求するものであり、人民が権力を求めることであるが、官民互に権力を求めるのは人類の真面目、「官民共に進んで権力を求め、力を尽して之を争ふの常勢に任ずるの外なきなり」と、これを肯定していた。論旨の変化が見られることは明らかである。それはほうはいたる自由民権運動の発展におされたためと見ることができる。愛国社第三回大会の方針にもとづく国会開設願望者の署名運動は、一三年三月の第四回大会では、二府二二県九万八六〇〇名の署名をもちより、国会期成同盟と改称するという勢いを示した。この三ヵ月後、福沢は相模九郡五五九町村二万三五五五名の人民の名による「国会開設の儀に付建白」を代筆するまでに至った。彼のこれまでの主張の線から何歩か突き進んで、実際の運動にかかわるのである。

しかし国会開設の理由に関するかぎりは、彼の立場は変わってはいなかった。方今世界万国の交際は、たのむところは兵力、求めるところは利益のみだが、わが国の軍備が整わぬのは財政衰頽のためである。これを打開するためには国債を募る必要があり、そのためには政府が人心を得る必要があり、人民を国難に当たらさせる「方便」として国会開設が必要だというのが、この建白書の内容であった。『国会論』の著述と相模国人民の国会開設請願書執筆に見られた積極的ポーズにもかかわらず、彼の国会論の実質が、前述の『通俗民権論』と『民情一新』、後述の『時事小言』と変わるものではなかった。国安を維持するの法は平穏に政権を授受するにあり、そのためにはイギリス風の政党内閣制を採用する必要があるとの主張、政府の交替を速かにすることによって人民の不平不満を「瞞着して之を忘れしむる者の如し」との説明、国会を開き議院内閣制とすれば「今の当路者の権を殺ぐに非ずして却て之を増すものなりと云ふも可ならん」との口説――要するに人民の立場に立ち要求するというのではなく、支配者の立場からする政府の英断の要望という姿勢は一貫していた。それは当路者を説得するために、支配者の論旨を使ったという戦術的考慮にとどまると見ることはできない。愛知県春日井郡農民の地価を低く改訂せよとの要求運動を指導していた林金兵衛の依頼で援助をあたえたが、同時に農民が要求する当の相手である大蔵卿大隈重信にあてた書翰(明治一一年六月[17])に「小生は敢て出願人(春日井郡農民―著者註)に左袒するにあらず(中略)。物論の沸騰を鎮静するの法あらば、之に従ひ、兎角全国内の無事を祈るまでの婆心に御座候」とのべていた。また一三年二月参議井上馨に宛てた書翰[17]には「昨今世上ニ民権国権ノ論ハ頗ル勢力ヲ得タレドモ、人民ノ方向ハ嘗テ定ル所ナシ(中略)。僅カニ一、二ノ先覚者アリテ世間ヲ煽動鼓舞スルトキハ何事カ成ラザラン。一言ノ下ニ幾千万人ノ衆ヲ左右進退スルコト甚ダ容易ナリ。随分油断ノナラヌ時節ト云フ可シ」と、政府の戒心を忠告したが、彼の『国会論』論述の意図は、指導者の動きいかんでどうにでもなる民心を官民調和の方向に誘導することにあったということができよう。

右のことをみとめた上で、なお『国会論』と国会開設請願書の執筆には、その前後の時期とちがった動機がはたらいていたことを見のがすことはできない。

『福翁自伝』は『国会論』についてこう記している。「私が不図思付て、是れは国会論を論じたら天下に応ずる者もあらう、随分面白からうと思て」執筆し、『郵便報知新聞』に掲載させたら、非常な反響が出、地方の有志者が国会開設請願に東京に出てくるような騒ぎとなり、「図らずも天下の大騒ぎになって、サア留めどころがない、恰も秋の枯野に自分が火を付けて自分で当惑するやうなものだと、少し怖くなりました」と。

自由民権運動の昂揚の火つけ役となったかの記述は、例によって誇張はあるが、時勢に乗ろうとした思惑があったことは事実であったろう。前述した積極的ポーズも、このためのものであった。時勢の動きを見るに敏であった彼は、同時に時勢に動かされる弱味をもっていた。主観的には、時勢を利用しようとしたのであろうが、客観的には、時勢にふりまわされたことは否定できない。そしてその結果は、彼の立場は、さらに一歩保守に近よることとなった。

2　内安外競の提唱

一三(一八八〇)年一二月から翌年七月にかけて執筆した『時事小言』5は、『国会論』出版当初から予定していた続編にあたるのであるが、『福翁自伝』にいう「図らずも」という結果を引き出してしまったことの補正という論調がつよくうち出されたものであった。『時事小言』は、その題名のとおり時事を語るものであった。このことについて彼はこう弁明している。「時事を語るも尚且学者の本分に非ず、況や時事を行ふに於てをや。記者(福沢―著者註)の関する所に非ず(中略)。其目的は唯時事を語て時勢を変ずるに在るのみ。時事を取て時事を行ふは本意に非ざるなり」(緒言)。時事を求めて語った『国会論』、時事を行なった国会開設請願書執筆、それにたいする反省と弁解を、この緒言の背後に読みとることができるだろう。『時事小言』も、「止むを得」ず時事を語った。しかしそれは時勢を進め時勢にのるのではなく、時勢をおしとどめ時勢を変ずる目的からであった。

この書でも、近時民権論は普通の常談となったとし、国会を開くは時勢においてやむをえないことだと説き、政府がとっている中途半ぱの漸進主義を批判し、「今日国会開設の一事に至て躊躇するの理あらんや」「政府が大英断を以て一時に之を開き、急進直行毫も愛惜する所なき」と言葉をつくして力説した。彼が政府に国会開設の英断を要望する理由は、外国交際の重大な困難に対処し、護国の基礎を立てるための政権の強大をめざして「内安外競」を実現することにほかならないのである。このためには第一に政務の権力を強大にすること、第二に国庫を豊にすること、第三に農工商を奨励保護することが大切だという。

国会論はまず第一の問題にかかわるとし、国会の開設は政体(コンスチチューション)の変革にして、政務(アドミニストレーション)の変革にあらずと、『分権論』以来の論理を展開して、民権派が政府の権力を退縮せしめるに汲々たることを非難する。文明の政府の任務は、政務の権力を強大にし厳正の政を施き社会の安寧を維持するにあり、専制と厳正、寛大と不取締とを混同してはならない。憲法と国会をもつ目的は、政権の厳正その度を失って圧制に変じ、寛大にすぎて不取締におちいることなからしめることにある。「畢竟国会を開設するの目的は、之に由て施政の法を厳にせんが為なり」。――かく国会開設の目的を施政の統一・厳正に集約してしまう彼の立場は、基本的には「今民撰議院を立るは、則政府人民の間に情実融通、而相共に合て一体となり、国始めて以て強かるべし、政府始めて以て強かるべきなり」という板垣ら前参議たちの民撰議院設立建白の立場――つきつめていえば支配者内部の反対派ないし改革派――と同じものであった。しかも政体と政務とを截然と分け、国会開設がかかわるのは政体のみで政務ではないと分断することで、いっそうこれを徹底させていたといえる。「爰に一国の政府を立てて其政権を維持し、内には社会全体の進歩を謀り、外には各国交際の権利を伸べんとするには、内国人民の苦情は之を顧るに遑あらず」。彼は自由民権派が国会開設の第一の目的を、いまの政務の改革におくのは誤っていると論ずる。民権派は、紙幣下落、物価騰貴、貧民困窮を救う法は国会開設の一策あるのみと演説する。はなはだしきは国会開設の暁、租税は軽減すると説く。実際の政務は安易に改革しても好結果をえるものでもなく、改革の実行も困難であるのに、できもしない約束で民心を動かそうとするのは、民を欺くものである。「是れ即ち我輩が国会開設の事に付き、論者の思想を転じて、先づ政務喋々の壇を去らしめ、第一着の目的を政体上に移さしめんと欲する由縁なり」という。彼は国会開設の目的を政体上の変革に限定し、政体上の変革を、もっぱら執政者の交替の方法に集中する。そして国会開設＝政党内閣制による執政者の交替の方式をみとめることを、当路者の心理にまで立ち入りながら論理をつくして説得しようとする。

「新陳交代は人間社会の定数」「国会を開けばとて政府の人の身に取りて何程の事かある可きや。唯国民投票の多寡に由て進退を決するのみ。我輩の所見にては、其開設の後とて、悉皆今の在政府の人物を除て、更に新に良政府の出現す可きとも思はれず」

なぜこのような国会論を説くのか、その目的は、政府が自発的に国会開設にふみきることを実現するためである。「其これ（国会—著者註）を開くの法は、今の政府を挙て民権者中の一部分と認め、政府をして自から之を開かしむるに在り。即ち之を友視して人民と共に内国の安寧を維持せしめんと欲する者なり。即ち友意に出て、安全の道に由る者なり」。政府をして自発的に開かせるのが安全の方法なのだ。もし強いて政府を敵視して争論を開けば、やがて必ず腕力に訴えて争うこととなるであろう。彼は「今の日本政府は固より民権家の叢淵にして」ともちあげる。しかしやはり「民権の叢淵たる政府中稀に或は腕力の古套を残すものなきを期す可らず」、この故に「古套」が拡大強化する結果となることをおそれるのである。朝野の抗争の激化が、政府をして国会開設を嫌わせ、いたずらに民情に激して、力をもって現状を保守しようとすることが「ミリタリ、ガーウルメント」すなわち「兵力の政府」を生み出すことを最悪の事態と考えたのである。もはや『民情一新』や『国会論』の説くように、保守の主義と進歩の主義が平均をえて進歩は実現するとか、官民の衝突は世の常勢だと達観してすますことはできなかった。自分が火をつけたとする民権論の意外なまでの昂揚を「怖くなりました」という経験を経ていたからである。

本書の緒言で「其流行に流されて嘗て自己の主義を唱る者なく」と大勢順応主義の世潮を批判し、「其時事を語て人に少年視せられ、才子視せらるるを憚ら」ずと、孤高の思想を公にする決意をのべたが、彼の弁明からすれば、『国会論』の発行や建白書の執筆は、時流に乗るかのごとくにして時流を批判し時勢を変えるにつとめたというのであろう。たしかに彼の国会論は、世の自由民権運動のそれとは異なるものであった。とくに『時事小言』では、この点を明らかにするに力点をおいた。西洋諸国の国会開設の由来は革命にある。日本の国会開設論者が、この歴史を知って、国会を開くには圧制政府に抵抗しこれを倒さなければならぬと考えるのは「人間活世界の有様を臆測して、外題の定りたる芝居狂言の如く視做し」「恰も外題の定りたる西洋の歴史を、無理に今の日本の活世界に附会せんと欲する者の如し。甚しき誤謬ならずや」と批判する。西洋の歴史を日本に機械的に適用することへの批判は、この時にはじまったことではない。すでに明治八年の加藤弘之・森有礼との国会開設論争でおこなったことである(一〇二ページ参照)。しかしあのときとは政治情況は非常に異なっていた。自由民権運動がまだ微力であった八年には、立憲漸次の詔という政府の政策に協力しこれを利用することで、立憲制への前進のモメントを作ろうとする努力が一定の進歩的役割をもつことができた。しかし自由民権運動が質量ともに飛躍的に発展し、明治政府と基本的に対立するまでになっていた一三年当時、同じ論理を使って、政府の専制への抵抗に水をさし、官民調和を説く『時事小言』の役割は、異なるものであったといわなければならない。

彼は「我輩は固より民権自由の友なり」という。しかし彼の求めるのは、政府の英断による国会開設であり、国民大衆の運動による実現ではない。彼は自由民権派がおこなっている国会開設願望の署名運動に冷い皮肉の言葉を投げかける。

「又一方より世の国会開設を願望する者を見るに、幾千名の調印と云ひ幾万人の結合と称するも、事実其人の大数は国会の何物たるを知らず、其開設の後に如何なる利害が我身に及ぶべきやも弁へず、唯他人が願望する故に我も亦願望すと云ふに過ぎず。其有様は神社の本体を知らずして祭礼に群集するに似たり」

この批判は署名運動の実体がもつ弱点をついていたとしなければならない。前述愛国社第四回大会に持ちよられた署名簿には、八百名総代とか二千名総代とかいう大まかな数字のものもあり、署名者各人の主体的意志の結集と見なしがたいと思われる場合もあったことは事実である。もとより福沢もいまの願望者を狂者・愚者と片づけてはならず、その背後の国会開設の気風の流行を注意しなければならぬとのべてはいたが、署名願望書の代筆者であった一年前のみずからの行動に口をつぐんで、あたかも第三者であるかの如き態度をしめしていた。そして国会開設要求の目的を減税などの政務の変革におくなと説く。それならば彼の執筆した願望書のごとく、国際情勢→軍備充実→財政改革→それへの翼賛のための国会の必要という、政務変革にかかわらぬ論理で、人民が国会を主体的に理解し支持する途が開けるとでもいうのだろうか。自由民権運動の弱点の指摘が、その弱点克服の道を閉ざす主張の上でおこなわれるところに、この時点での彼の立場の特徴があった。

生活・産業とかかわるところの政務からきり離して、国権の重大さを、彼の説くがごとく理解し協力せしめようとすれば、それは士族以外に求むべくもなかった。『時事小言』の最終編「国民の気力を養ふ事」では、「今我国に士族の気力を消滅するは恰も国を豚にするものにして、国権維持の一事に付き亦影響の大なること論を俟たずして明なり」と、士族の気力を維持保護する必要を強調した。その主張は、かつて明治九、一〇年の発言と軌を一にしていた。しかしそれから三、四年、この短い間に、農工商の平民は政治に産業開発に大きな進出をとげていたし、その動きをとりいれようとしたことが、自由民権運動の質的量的な飛躍をもたらしたのであった。それなのに福沢は依然として、学問・政治にかかわり、農工商の大業を企てるものは士族に多く、旧来の百姓町人に稀であるとのべ「士族は国事の魁にして社会運動の本源たること、固より明白にして世人の疑を容れざる所」という見解を固執している。彼もまた単純に士族の維持を主張したのではなく、士族のもつ「精神の血統」、教育の基盤たる「家風」の保持を論じたのではあったが、それだけに、士農工商の別にかかわらず教育を受ける権利の平等、教育によって啓発される可能性の平等という『学問のすゝめ』の根本思想を、原則ではなく「方便」なのだと否定することとなるのである。すなわち「元来教育の主義に於ては、人の天賦を平等一様のものなりと視倣して、其能力の発達は教ゆる者の巧拙と学ぶ者の勤惰とに在るものとして奨励することなれども、是れは所謂誘導の方便なるものにして、実際に於て人の能力は天賦に存するを常とす」とのべる。この「天賦」を生み出すものが、士族の「数百年来遺伝の教育血統」だというのである。

かくて国民大衆の進歩を信頼できず、大衆の政治運動に反対したこの書が、アジア諸民族の近代化への信頼をもちえなかったのも当然であった。

この書は、第一編「内安外競之事」で、国際情勢のきびしさを説き、第四編「国権之事」で、ふたたび詳説し、国会論をとりあげた第二・第三編をさしはさむ構成をとっている。国会論はまったく国権論に従属する形となっている。「天然の自由民権論は正道にして人為の国権論は権道なり。（中略）我輩は権道に従ふ者なり」と。これに類似した発言は、これまた『文明論之概略』以来くりかえしてきた言辞であり、思考の仕方である。しかし『文明論之概略』と『通俗国権論』との間に、「民権」すなわち各国間の平等・平和の原則と、列国対立抗争の現実との間の矛盾のとらえ方に差があることは前述したが（一三六ページ）、『通俗国権論』と『時事小言』との間にも、少なからぬ差違をもっていた。前書は、人心興起に外戦の必要を説いて、「事少しく過激に似たれども」とことわった上で、西洋諸国と対立してわが人民の報国心を振起せんとする術は、これと兵を交えるにしくはなしとのべた。しかし現実にイギリスやロシアと戦うことを主張したのでないことはいうまでもないことである。「余輩の主義とする所は、戦を主張して戦を好まず、戦を好まずして戦を忘れざるのみ」――これが『通俗国権論』の主張の眼目であった。

ところが後書では、国権擁護のための中国進出が唱えられるのである。「支那人が蒸気電信の如き文明の利器を入れざれば国を失はん、之を入るれば其政府を顚覆せん、二者其一を免かる可らず」。亡国＝植民地化か、政府顚覆＝革命か、その変動は遠くはないと予測し、「此変動に際しても我日本は決して傍観す可き地位に非ず」というのである。かつて八年に書いた「亜細亜諸国との和戦は我栄辱に関するなきの説」とはちがって、いまや中国の変動を傍観視できずと、わが国の国権と中国問題とを結合しようとする。それは東アジア情勢の変化を反映していたとも考えることができる。この時期、中国の周辺地域への欧米強国の侵略は着々とすすみ、ロシアは新疆に向かって、フランスは安南へ向かって、イギリスは雲南・貴州・四川へ向かって鋒先を向けていた。それにしても明治四(一八七一)年長崎・上海・香港間の海底電線の開通、五年アメリカ留学生の派遣、九(一八七六)年上海・呉淞間の鉄道開通、一〇年最初の在外公使館をロンドンに設置、一一年開平炭坑の開発と上海機器織布局の建設着手などの指標にみるように、欧米の文物移入による富国強兵策をもくろむ中国の洋務派の活動が活潑であり、その手によって近代的武器と編成をとりいれた北洋陸海軍の建設もすすんでいた。このときにあたって、福沢が中国の改進は緩慢遅鈍にして頼むに足らずと評価し、植民地化か革命かの二者択一の運命と見かぎったことは、実際に中国の近代化と独立に期待をかけたが裏ぎられたというよりも、わが国の独立を維持するためには、自力の軍備しかないと武備充実の必要を国民に説諭するための論拠として、持ち出されたという傾向の方が強いのである。要は「方今東洋の列国にして、文明の中心と為り他の魁を為して西洋諸国に当るものは、日本国民に非ずして誰ぞや。亜細亜東方の保護は我責任なりと覚悟す可きものなり」との覚悟を促すために使われた中国蔑視観であった。報国心振起の「方便」たる点において、前書の外戦論も、後書の中国侵略論も同じことであった。しかし西洋諸国との戦争は、非現実的であることにおいて、「方便」が目的に転化することの歯止めが備わっていた。目的は戦争ではなく、あくまでも対外独立、対西洋平等の実現にあった。ところが後書の中国論は、実行の可能性をもつことにおいて、侵略が国権の目的化することへの途を開いていた。彼がこの書で、中国・朝鮮にたいし「武以て之を保護し、文以て之を誘導し、速に我例に倣て近時の文明に入らしめざる可らず。或は止むを得ざるの場合に於ては、力を以て其進歩を脅迫するも可なり」というとき、なおわが国の独立、それと相関連する中国・朝鮮の文明化が目的であったと解釈することができるにしても、その論理が侵略を目的、文明化を口実に転換させることをくい止める歯止めは、この国権論の構造のなかに備わっていなかったことを看過することはできない。

『時事小言』は、福沢の思想の質的な転換がはじまる指標であったと考えることができる。

Ⅵ　政府への接近と朝鮮強硬論

1　明治一四年の政変

『通俗国権論』の執筆から『民情一新』『国会論』の執筆にかけての時期は、福沢が慶応義塾経営の資金調達のため政府の援助を求めて奔走していたときであった。慶応義塾は逐年発展してきたが、それにともなって経費が増大して生徒の授業料で賄いきれず、加うるに九年の入学者三四五名であったのが、一〇年から一一年にかけて二二〇〜二三〇名に減じて授業料収入が減少し、財政は破綻するに至った。塾生は当初士族が圧倒的に多かったが、しだいに平民が増し、八年には平民の比率は三一パーセント、その後一二年まで三〇パーセント台であった。西南戦争の影響による士族の進学熱の動揺とその生活困窮の深化、他方で福沢の期待した農工商三民上層部分の成長の低迷が、塾の経営にも反映していた。福沢は一一年暮資本金拝借の願書を文部卿西郷従道に出した。そしてその実現のため、大蔵卿大隈重信・工部卿井上馨をはじめ各参議に依頼してまわった。彼が政府からの資金援助を頼むことは、官学を排し官の支配から独立した私学の意義を主張していた持説からいって、つらいことであったにちがいない。しかし窮境を救う道は、「私塾を潰す歟、官の保護を得る歟、唯二途あるのみ」(明治一二年一二月、大隈重信宛17)「窮鳥枝を撰ぶに遑あらず」(明治一二年一二月、大隈重信宛17)とのべているように、政府に頼るか、島津家・徳川家といった華族に依頼するかしかなかった。民間の力はまだ私学を支えることはできなかった。半年余にわたる奔走も甲斐なく、政府の援助をえられず、一旦は廃塾の方針を決めたが、教職員の努力によって社中から資金を募集してさしあたり数年間の維持費を捻出することとし、辛くも当座の危機を脱した。時に一三年一一月のことであった。

福沢が畢生の業として全精力をそそぎ、かつ誇りとしていた義塾経営の行詰りが、彼の思想に大きな影響をおよぼしたことは、私たちの今日からする想像を越えるものがあったに相違ない。彼はこうのべて、政府の措置の片手落ちを憤慨し、保護を歎願した。——政府は、岩崎弥太郎の三菱会社商船学校に毎年一万五千円の補助をあたえ、伊勢勝が靴を作るのに五万円の拝借を許したが、靴を作ると心を作るといずれが軽く、いずれが重いのか。ひとり諭吉に限って特別の擯斥を蒙ることがないようお願いする——と(明治一二年一二月、井上馨宛書翰)。こうした藩閥官僚の御都合しだいによる保護の恣意と偏重こそ、政府の開化政策、殖産興業政策の本性であった。このことを見抜いていたであろうことは、これまで記述してきた彼の著述からも明らかであり、政府の官学中心の教育政策にたいしてもするどい批判の言を公にしていた。明治一〇年三月官学の中心である開成学校講義室開席の祝詞19でも、開成学校生徒一名一年あたりの費用五、六百円、これを田舎の小学校生徒一人の公私あわせての毎年の費用一円二〇銭に比較して「日本の果報者」「秘蔵息子」と称すべしといい、諭吉は政府の多事を悦ばず、官学校の盛大を願わずと公言した。慶応義塾は、私学として政府の保護をうけなかったばかりか、圧迫を蒙った。明治五年従来の学生にたいする藩費支給の制度を府県の公費の制度に切り変えたとき、私学の生徒にたいしては公費生の取扱いを適用しないこととしたため、塾生は減少した。この措置の撤回を求めた上申書19にも、官立の学校、私立の学校というも、その相違は教師が官員に列するか否かにあるだけで、その任務も社会への貢献も同じことだとのべた。しかしその言い分は通らなかった。だから『学問のすゝめ』の学者職分論その他で、権力偏重の弊を批判し、学問に志す者の独立自尊を強調したのであった。

『学問のすゝめ』『文明論之概略』は世のベストセラーとなった。政府も当時はその読書を奨励さえした。だが彼の所論の中核たる、在野国民の生活と産業と教育の自立は育つ見込はなかった。彼は政府の仕事と、国民の仕事との相互に相侵さぬ区別とそれによる官と民との相互理解と協力とを説いた。だが官の保護なくして、一二、三年当時に叢出したマニュファクチャーや問屋制家内工業が、彼のいう現時文明の特色たる蒸気力を使う機械制工業に発展することはできなかった。彼は原則として自由主義経済を主張したが、一一年の『通俗国権論』では、自由貿易と保護貿易とを比較し、自分は日本の幼稚な産業を保護するため後者を支持するとのべた。教育にあっても、「窮鳥枝を撰ぶに遑あらず」という痛烈な経験をへて、官に頼らざるをえないという諦念に達した。一六（一八八三）年のことであるが、徴兵令改正によって徴兵猶予の特典が官公立学校学生に限られ私学が除外されることとなったとき、ふたたび経営の危機に見舞われた。「或は文部の小吏、この機に乗じて私塾を倒す抔の考もあらんかと、夫れのみ掛念いたし居候」（明治一七年二月、福沢一太郎・同捨次郎宛）。これにたいし、福沢は陸軍卿山県有朋にあらゆる譲歩を申し出、慶応義塾学生にも特典を与えられたいと願い出た（明治一七年一月書翰[17]）。――文部省が慶応義塾の学則に干渉するも良い。塾の試験に文部省の学者職員が立合うも結構。文部省の教員が平常授業を行なっても良い。慶応義塾だけに特別の措置を許すわけにいかぬというなら、学習院や独逸学校の如く、宮内省その他の保護をえて、官立に準ずるの実をあらわすようにしたい。――これを独立自尊の主唱者福沢らしからぬ無原則の譲歩と評することは容易である。しかしそういう譲歩を申し出ても、官の庇護をえなければ、私学の維持は困難であった。前述した愛知県の林金兵衛に請願運動のやり方に注意をあたえ、「只管《ひたすら》庁（県庁――著者註）に依頼して其好意を求る様御注意緊要の事と存候。人民官に接するの要は、之に恐怖するなく、之に無視するなく、之に佞するなく、之を疎にするなく、近く交りて相親しむに在るのみ」(明治一一年一〇月書翰17)とのべたのは、同時に彼のこうした体験のなかで自分に言い聞かせた言葉であったろう。純理の自由民権論は正道であるが、今日これを言うも到底無益に属すとの見解は、塾経営経験からもいっそう強められることとなった。

官民調和による人民の自立の見とおしも暗く、さればとて官の保護もえられないことから、彼が官へのたたかいに向かうのではなく、一六年の事例が見られるように、いよいよ官への接近に向かったことは、福沢の悲劇であり、日本の漸進主義の悲劇であった。その象徴は、福沢と明治一四年の政変とのかかわりあいであった。

彼は一三年一二月末、大隈重信・伊藤博文・井上馨の三人の参議から招かれて会見したところ、今日の新聞はただ民心を煽動し社会の安寧を妨げるにすぎないので政府は新聞紙発行を企画しているが、これを引き受けてもらいたいとの申出があった。ついで翌年一月、福沢は井上をたずねこれを断ったところ、井上は政府に国会開設の意があり、これは三人のかたい契約だということをうちあけたので、かねて『民情一新』で説いた政府が自発的に国会を開くという策がいよいよ実現すると信じ、「内安外競」の世論を作り出す好機会と考え、新聞の件を快諾した。ところがその後は井上・伊藤の態度があいまいとなり、日一日と経過するうち、政府と政商とが露骨に結託する北海道官有物払下事件が暴露されて、これを攻撃する自由民権運動が激化した。これに対抗して、政府は一〇月、晴天の霹靂のように明治一四年の政変を断行し、明治二三年をもって国会をひらくとの詔勅を出すとともに、国会の早期開設と政党内閣制を主張した大隈を追放した。そして福沢が大隈の謀主となり三菱を金主として政府顚覆を計画しているとの流言が政府内部からひろめられ、慶応義塾関係の役人——矢野文雄・牛場卓蔵・犬養毅・尾崎行雄・森下岩楠・中上川彦次郎・小松原英太郎・津田純一ら——が政府内部からいっせいに退けられた。結果としては、福沢がまったく一杯くわされた形となり、明治政府の開明性を安易に信用してきた弱点が無惨なまでに暴露されるにいたった。政変直後にこの経過を書いた『明治辛巳記事』20によれば、彼の主観的意図は、つぎのようなものであった。

「世上の無分別者を説諭し又制圧して、苟も中人以上財産もあり知見もある者を導ひて世の風潮を穏にせんものと思ひ、時としては官権党と云はるゝことも恐れず、我が思うまゝの事を吐露し、既に著述の時事小言など発兌の時は必ず駄民権家の気に入らずして評論を受ることとならんと知りたれども、毫も憚るに足らずとして平素の所見を述べたることとなるに、突然今回の事情、如何にも不審に堪へず」

この記述は前記したように事実であった。官民調和を説くに懸命であった福沢としては、まさに心外な井上・伊藤の仕打ちであった。彼はこの苦い体験から何を学んだのであろうか。後日、政府の支援が公然としておらずその性質もあいまいな官権新聞の筆は世人も信用しない、我輩は特に官権論者の賛成を謝絶する、自家独立の信を世に失わんことを恐れるからだと論じた(『兵論』一五年一一月5)のは、一四年の権力接近にたいする反省から出た言葉であったろう。同じ体験が自由民権運動への反撥を一層強めたことも事実であった。「地方処々の演説、所謂ヘコヲビ書生の連中、其風俗甚だ不宜、近来に至ては県官を罵詈する等は通り過ぎ、極々の極度に至ればムツヒト(睦仁、明治天皇—著者註)云々を発言する者あるよし、実に演説も沙汰の限りにて甚あしき徴候」(明治一四年六月、在ロンドン小泉信吉・日原昌造宛17)と嘆かせる激化の趨勢、慶応義塾の少年すら開拓使官有物払下問題にたいし憤激する行動についてはは何としても制御できなかったとみずからも記した無力感、こうした経験に加えて、政変において、国会開設の期日を示す詔勅が出たにもかかわらず官民抗争の激化の兆候がいよいよ明確となったことも、彼の政治にたいする考え方に大きな影響をあたえた。一方が急進化すれば他方が保守化する、その保守化はさらに相手の急進化を呼ぶ、『時事小言』での憂慮が現実となろうとすると見た福沢は、内安外競を説く必要をますます緊要と感じたのである。

こうした土台の上に、明治一五年以降、朝鮮問題の紛糾を中心に東アジア情勢の緊迫が、彼の国権論を加速度的に強めてゆくこととなった。そしてこの国権論を軸に内政論・教育論・経済論を展開させる思想の全体的思想構造は、それなりに固まったものとなってゆくのである。

2　東洋政略論と帝室論

政府御用新聞引受けの計画が頓座したその代償として、一五（一八八二）年三月『時事新報』を発行し、彼はほとんど毎号の論説を執筆した。この新聞発行の趣意は、慶応義塾の気風たる独立不羈の精神を強調したものであるが、その独立とは、権力にたいする独立という意味よりも、対外独立の色彩がこく、畢世の目的はただ国権の一点にあり、この国権の利害に標準を定めて、審判を下すのだとのべている（『本紙発兌之趣旨』8）。私たちも、彼の対外意見＝国権論を検討し、それを軸にその社説全体の内容を検討することとする。

『時事新報』発刊早々『朝鮮の交際を論ず』8という社説をかかげたことは、数ヵ月後に壬午事変がおこり朝鮮問題が重大化する情勢を予知したものであり、例によって一歩先んじて情勢を捉えた勘の鋭さを示していた。この社説の朝鮮認識の特色は、日本と朝鮮との関係を幕末におけるアメリカと日本との関係になぞらえてとらえたことであった。この認識の仕方から、一方では朝鮮の内情を幕末の情勢に引きあてて理解することを可能とすると同時に、日本がかつてのアメリカの地位、つまり朝鮮の開化を指導し支配する立場に立つこととの主張へと導くことを必然にした。前者の方向としては、この執筆直前、金玉均と会い、滞日中自宅に泊め交情を深めたが、これを機縁に、金玉均の開化派を援助することとなるのである。後者の方向は、右の動向と相反するものである。福沢は前記社説で、日本が明治九(一八七六)年の江華島条約以来の由来によって、朝鮮の外交関係で指導的地位をしめるのは当然とし、武力を用いても朝鮮の進歩を助けるべきだと論じ、また幕末のイギリス駐屯兵の例をひき、居留民保護のためには兵を朝鮮に駐在させるのもやむをえないと論じた。前述した『時事小言』の主張より、一段と露骨なものとなり、日本をアジアにおける英・米に類似する優越国・指導国の立場におくという立論であった。

彼はかつての香港の経験——中国の小商人がイギリス人から乱暴される様を実見した——について「記者は固より他国人のことなれば、当時この始末を傍観して、深く支那人を憐むに非ず、亦英人を悪むに非ず、唯慨然として英国人民の圧制を羨むの外なし」と回想し、「我輩の志願は此圧制を圧制して、独り圧制を世界中に専らにせんとするの一事に在るのみ」と結んだ(『圧制も亦愉快なる哉』一五年三月二八日8)。圧迫国への上昇こそ彼の志願と言い放つのである。四月には、彼の駐兵論を裏書するように、朝鮮元山津で、わが商人が殺されるという事件がおこった。彼は「未開の民漸く将に開明の域に進まんとするや、其経過の時は最も重要の時にして又最も困難の時なり。朝鮮人民と交際せんとする者は必ず先づ其心得なかる可からず」と、朝鮮の現状への一応の理解を示そうという態度をとるが、結局は「畢竟するに我に釁《すき》の乗ず可きあればこそ、韓人も其兇暴を逞することを得るなれ」と、常日頃の駐兵が必要であったのだという結論に読者を導いてゆく。理解はあくまでも指導者・強制者の立場からする以外のものではなかった(『朝鮮元山津の変報』一五年四月二五日⑧)。

七月に入るとソウルで兵士・民衆の反日暴動がおこり、日本公使館が襲撃される壬午事変がおこった。福沢は、ただちに兵力を派しての朝鮮強硬措置を主張する社説を連載した。彼はこの事件の背後に、朝鮮を属邦とする中国の政策がふかく関連していることを指摘し、事件の重大性を説く。そして注目すべきは、駐在公使花房義質を朝鮮国務監督官に任命し、同国の政務を監督し、「開国主義の人を輔翼保護し、之に同国の政府を委す可し」と、この事件についての最初の社説(『朝鮮の変事』八月一日⑧)で主張したことである。この政策は二年後の甲申事変クーデターで、日本政府がとった策であった。彼はこの壬午事変が、朝鮮頑固党の起こしたもので、この頑固党はわが国の国学者と神風連の党派のごときものだとして、これを「文明の敵」と規定し、幕末のイギリスの「平和を求るの談判」の後楯となったのが常に兵士軍艦であった先例に学べと唱え、「我政略は文明改進の政略にして、其兵も亦文明開進の兵なりとの主義を、世界万国に発揚せんと欲する一事のみ」と強調した(『朝鮮政略』八月二・三・四日⑧)。『文明論之概略』では、独立なき文明化が白人支配へ奉仕する奴隷化にほかならぬことを説き、独立と文明化の両立の必要を強調したが、いまや朝鮮の独立はこの社説には一言半句も記されず、公然と独立を侵しての文明改進の武力強制が論じられていた。

この露骨な力の主張について、彼のこれまでの思想と矛盾することはないのか。李熙王政府を相手とするか、大院君政府と交渉するかに関連してではあるが、こう弁明する——外国の交際は内国の政略と異なる。国内政治にあっては、権力の強大の他に大義名分もあり、道徳上の義理もあり、各自の行動が名分や道徳によることもある。しかし外国交際では、政略にほとんど道徳の元素なく、大義名分の談は無用である、と(『朝鮮事変続報余論』八月八・九・一〇日8)。しからば、さきにいう「文明開進の兵」も、力の政策行使のための口実であるにすぎないということになる。

この年の末に出た『東洋の政略果して如何せん』(一二月七〜一二日8)は、こうした経験と発言をふまえた彼の対外認識と対外政策論の一応の決算であった。この社説はいう、

「三国(日本・中国・朝鮮—著者註)の文明を謀り、共に文明の賜を与にして、共に自国の独立を固くし、東方復た西人の鼾睡を容るゝなきこと、我責任の終局なり」

「共に」文明化と独立をはかり、欧米列強の侵略を阻止することが、わが東洋政略の本来の目的であるとする。彼は数年前にはこう説いていた。しかし中国はこの「三国共同の大義」を忘れ、わが東洋政略を阻害し、ロシアと中国との葛藤が朝鮮に波及し、欧州の他の強国もロシアの侵略意図を黙止傍観せず、東洋の全面は乱れて麻のごとくであるという。そこでわが東洋の政略を進取に決し、わが政略とわが武力とによって、東洋の波濤をその未だ起こらざるに鎮静することが必要だ、即刻軍備を拡充すれば、亜細亜の東辺に「一大新英国」を出現するは決して難きに

あらずと説くのである。東洋政略の進取とは、我もまた「三国共同の大義」を捨てることであり、名分や道徳を行動の基準にふくめずに、もっぱら力に依拠することである。「凡そ世界古今の事跡を見るに、理に由て成るは稀にして情に制しられて動くは多し」。かつて『文明論之概略』でも、報国心を偏頗心といった。しかし天道と偏頗心、理と情との対抗緊張が設定されていた。いまや天道と理とはほとんど捨てられて、力と情とがもっぱら頼られる。それは対外政略についてだけではなく、対内政治についてもその見地がおし出されるのである。

軍備拡充のための増税は、明治二三年の国会開設を待つ余裕はない。しかし理をもって、軍備のための増税を国民に説得する自信はない。『東洋の政略果して如何せん』はこう論じるのである。いわく「畢竟理論を離れて人情に訴へ、日本国中の人は悉皆天皇陛下の臣子にして良民たるに相違なしとの一義を抵当にして論を立てたるもの」が、この社説だというのである。政治における情の働きを重視し、この情を動員する上での天皇の役割を強調したのが、この時期の内政論の特徴であった。この論文の中で、我輩は愚かにも数年前、政府の内治改革重視政策を支持したが、今から考えれば慙愧に堪えず、もし数年前にこの資本とこの精神とを費やして、之を兵備の一方に用いたならば、今日の外交危機もかくまではならなかったものをと、ただ既往の無見識をひとりみずから懺悔するのみだと、持説の転換を宣言した。

情勢の変遷にかかわらず、自分の説は変わらないのだと、かつての所説を引用しながら強調することは、彼がたえず用いた手法である。しかし他方で、情勢の変化に応じてこれまでの議論を変えるのだという強調も、彼の特徴であった。『時事小言』にも「二十余年前は世の識者なる者、独り開国の説を主唱して人民の頑固なるを歎き、勉めて之を誘導して余念あることなく、往々社会の風潮に激して身を危ふする程の有様なりしもの、今は之に反して世間の急進を憂ひ、斯くては曩の誘導奨励も勉るに過ぎたるもの哉とて、却て自から後悔する者あるに至れり。単に時勢の変遷に非ずして、其前後正しく相反対するものと云て可なり」とのべた。情勢は正反対に変わったのだ。開国以来二三年間に二三〇年のことを行なった。この「我国開闢以来未曾有の変革」に確信をもつだけに、情勢に応じた所説の転換を公にするにためらいはなかった。『東洋の政略果して如何せん』の時期を画期に、後悔懺悔するとの言葉ほどに、彼の思想ががらりと転換したと考えることはできない。しかし外事優先の主張が思想のなかでしめる比重は、『通俗国権論』『時事小言』を経て、この論文では一段と重味を増し、しかもその主張が実行に移される情勢がさし迫っていただけに、思想総体の変化は、漸進的ながら深刻であった。これまでの発言それ自体の価値の一切を自己否定することにもなりかねない重大な影響をもったことは事実であった。

一五年四月二六〜五月一日『帝室論』5と題する社説を連載した。天皇存在の意義を積極的に認めた最初の論文である。三月、福地源一郎が天皇の尊厳を守ることを標榜する立憲帝政党を組織し、その背後にこれを支持する皇学者流の言動がめだちはじめ、政治的対立の一方に皇室を引き入れる動きが出てきたことを批判して筆をとったので、皇室が直接政治に関与することは国のため不利益であることを論じたものであった。そのかぎりでは、彼は反動への批判の立場に立っていた。従来から福沢は、天皇制にたいし理性による批判の矢を放つことにはばからなかった。

「聖明の天子、賢良の臣、難有御代、楽き政府などゝは、元来何物を指して云ふことなるや。偽に非ずして何ぞや。佞に非ずして何ぞや。人心の愚なること以て見る可し。斯る不都合なる言葉を公然用るの風を成してより、偽詐諂諛は人の品行に於て恥るに足らざるものと為れり。活眼を開て古今の歴史を見よ。支那の湯武は何事を為したるや。書経などは湯武の奴隷たる史官の筆なり。何ぞ之を証するに足らん。仁徳天皇何の功あるや。諂諛を恥とせざる家来共の口碑に伝えたるまで〔の〕ことなり。況んや近代の天子将軍に至ては、其人物の取るに足らざるは事実に於て明に見る可くして、天下衆人の心の内に認る所なれども、之を敢て外に見はす者なし。加之学者士君子と称する一国の人物が、尚この惑溺を免るゝこと能はずして、動もすれば其著書又は建白等に不都合なる文字を用るもの多し。気の毒千万なり」

と八年の末のころの『覚書』7に記した。『文明論之概略』では、天皇は、わが独立と文明を進めるがゆえに貴いのだとのべた（八二ページ参照）。この『帝室論』にも、天皇信仰への「惑溺」はなかった。「帝室は万機を統るものなり。万機に当るものに非ず。統ると当るとは大に区別あり。之を推考すること緊要なり」と、君臨すれども統治せぬイギリス的立憲君主制たらしめようと主張した。外見では、従来の論旨の延長上にあるごとくである。それにもかかわらず『文明論之概略』とは決定的にちがっていた。皇室の役割を主張するこの書の主張の仕方が、ブルジョア王制への転化と、国民の独立の精神の育成をかえって阻む効果をもつものであったからである。政治社外にあるべき皇室の効用はどこにあるとするか。本書はこう論ずる。――政治は畢竟形体の秩序を整理するの具であり、人の精神を制するものではない。政府も国会も人民を威伏することはできない。それならば国民の精神を制するものは誰か。国民の精神道徳について数百年来の君臣情誼の一点に依頼するのでなければ、国の安寧を維持する方略はありえないのだから、「我帝室は日本人民の精神を収攬するの中心なり」――ところで人民の精神の収攬をもっとも必要とするものは、理ではなく情のはたらく対外問題であり、戦争であることは、前述の東洋政略論でも説かれていた。この論文でも「軍人の心を収攬して其運動を制せんとするには必ずしも（マヽ）帝室に依頼せざるを得ざるなり」という。かくて天皇は恩赦の権をもち、軍隊統帥の権をもち、和戦を親裁する権をもつべきだとする。すでにこの年一月に軍人勅諭が出た。これは軍人は政治にかかわらずと自由民権運動の影響から遮断し、「朕は汝等軍人の大元帥なるぞ、されば朕は汝等を股肱と頼み、汝等は朕を頭首と仰ぎてぞ、其親は特に深かるべき」と、軍隊を天皇の直属とし、天皇への忠節専心を求めたものであった。軍隊統帥権と和戦決定権とをにぎる天皇は、決して「政治社外」の存在ではありえず、君臨すれども統治せぬブルジョア君主制にはなりえないのである。国権論＝アジア侵略論が、彼の思想から天皇制改革の途をしめ出してしまったのである。

さらに『帝室論』はこう論じる。――社会の安寧の維持は法理のみによるべからず、必ず一種の緩和仲裁力に頼るのが必要である。政治的抗争の激化における民心軋轢の緩和綏撫は皇室の功徳である。これが皇室の無偏無党、政党から独立すべしと主張する理由である、と。こう論ずるのは、この時期の官民調和論――朝鮮問題の重大化によっていよいよ切実となった――が、外戦で情が重視されたのと見合って、情を根拠にして実現が期待されたからである。一四年の政変以後、政府と自由民権派の対立抗争が激化の一途をたどっていたとき、それ以外に官民の調和は説きようもなかった。官民の対立は立場や政策にもとづくのではなく、「些々たる事由よりして官民の不調和を醸すこと多し」とするかぎり、不調和の解決は、双方のいらざる誤解をとく情の融通に求められることとなる。「今の官民の軋轢不調和は恰も父母の間に生れたる子の如し。政府は父にして人民は母なり。母は無力にして父は有力なり。故に此不調和を調和するは固より政府の責任なり」――しかし権力者の政治責任がきびしく問いただされているのではないのだ。そしてもち出されるのは日本人どうしというウェットな心情である。すなわち『時事大勢論』(一五年四月刊5)では「官と云ひ民と云ふが如き些細の議論は姑く擱き凡そ日本人の名あるものにして之を憂ひざるを得んや」「日本社会の性質は何様に変性するも、日本人は即ち日本人にして、日本の人民を治むるは日本政府の責任なり。其人民が変性したればとて、之を見捨て到底この人民は治む可らざるの人民なりとして放却するの理なし。又力を以て圧抑するの法なし」（両引用箇所ともに旧全集本はすべて圏点つき）という。

かつて明治三、五年、政府が門閥の旧弊を掃除しようとつとめたときは、「人情を割かざるを得ず、人情を割くの利器は唯一片の道理なるものあるのみ。故に政府は百般の事を処するに専ら道理を根本と定め」たが、いまはそうした改革急変の気運は去った。官民の「不和は事相の表にして和親は其裏面なり」と、その裏面に依頼すべきだという（『藩閥寡人政府論』一五年五月一七日〜六月一七日8）。またいう、明治一五年の今日にあっては、「破壊すべき旧物は既に之を壊り尽して」いる。「明治十五年の天地は自ら其秩序のあるあり。而してこの秩序は次第に営繕し、次第に建置し、其基礎を固ふせざるべからず」と。急進にもあらず急退にもあらずと漸進を主張したのが、彼の立場の変化を示すものではない。漸進主義は彼の一貫して立つ立場であった。だがかつては事物の根底的変革を現実的諸条件のなかで達成するための漸進であった。いまのいわゆる「営繕建置」はそうではない。「今日の秩序を乱すを憂るものなり」「故に今日の秩序の平準を保ち、故《ことさ》らに之を激して平地に風波を生ぜしめず、唯だ緩流平進せしむべきのみ」（『急変論』一五年一二月一八・一九日8）。いわば反改革と秩序維持とのための漸進主義の標榜であった。

『帝室論』に説く、皇室のもう一つの役割は、学問の保護者たることにあった。彼は学問の独立を皇室の庇護に依頼することで実現しようとする。すなわち皇室においてさかんに学校を起こし、これに私立の資格を与え、「日本の学術をして政治の外に独立せしむる」ことを要望する。帝室を仰いで学術の中心に奉ぜんと彼は主張するのだが、その天皇は軍隊を統率し和戦を決し、政治抗争の仲裁力として働き、国民の精神を支配する存在である。すべての学校を帝室に属するものとして官立私立の別をなくそうとするのは、多年私学の経営に辛苦した彼の苦悩から出たことであろうが、学問の独立とは、政治から逃避して皇室という政治的権威(実は行政府・立法府を超越する権力)の下に庇護されることではないはずであった。学問の自立とは、「我輩先づ私立(官にあらざる在野―著者註)の地位を占め、或は学術を論じ或は商売に従事し或は法律を議し或は書を著し或は新聞紙を出版する等、凡そ国民たるの分限を越えざる事は忌諱を憚らずしてこれを行い、固く法を守て正しく事を処し、或は政令信ならずして曲を被ることあらば、我地位に屈せずしてこれを論じ、恰も政府の頂門に一針を加へ、旧弊を除て民権を恢復せんこと、方今至急の要務なるべし」(『学問のすゝめ』)と、かつて彼みずからがいったように、権力にたいする批判的対抗的な姿勢から生み出さるべきものであった。そしてここでいう学問の独立は、商売をし法律を議し新聞を出版する私務の独立、つまり国民の基本的人権の確立の一環としてであり、学問・学者だけに与えられる特別の恩恵ではなかった。ところが問題の時点での学問の自由はそうではなかった。『帝室論』の学問論をあらためて詳論したものに一六(一八八三)年一月刊の『学問之独立』5がある。その書中に示す個別の論点、たとえば学問と政治とは異なるという理由で生徒に政談を禁止することの無効を説き、「其禁止の言葉の中に自から他の党派に反対して之を嫌忌するの意味を含有するが故に、仮令ひ之を禁じ了るも、其学生の一類は彼の禁止の言中自から政治の意味あるを知る者なれば、唯口にこそ政を談ぜざれども、其成跡は恰も政談を談ぜざる政党たる可きのみ」と指摘したこと、「元来学問は他の武芸又は美術等に等しく全く政治に関係を持たず、如何なる主義の者にても唯学術を教授するの技倆ある者にさへあれば教員として妨なき筈なるに」教員の任用に政治上の主義如何を問ぅ如きは、日本の学問をして政治に「附着」(従属)せしめるものと憂慮したこと、政治の事務家が、教育の方法を議し、教科書を選定し、教場の時間、生徒の進退を指令することの非を論じたこと、そしてそれらの弊害は行政官庁が教育・学問を管轄支配することからおこると指摘したことは、教育にたいする国家統制が強まりつつある情況にたいする、的を射た批判であった。これらの発言それだけを切り離してとり出せば、彼の独立・自由の思想は変わらなかったと解することもできるかもしれない。問題は論文全体の趣旨、すなわち学問の独立とはいかなることか、いかにしてそれが達成されるかである。この論文は、学問の独立とは、学問と政治をすっぱりと分離すること、「学問を以て政事の針路に干渉せず、政治を以て学問の方向を妨げず、政権と学権と両立して両ながら其の処を得せしめ」ること、具体的にいえば学校を文部省の管轄から離し、皇室保護下の共同私有の私立学校たらしめること、学者・学校指導者をして行政の外にあって無偏無党たらしめることにあると主張するのである。

この主眼が明治五〜八年当時の問題意識と異なっていたことを端的に表現するものは「学者」の概念である。『学問のすゝめ』で使われた「学者」は、専門学者も学生もふくめた学問をする者、知識人という意味で、専門家と非専門家とを区別せぬところに彼の独自な学問観が示されていた。ところが『帝室論』や『学問之独立』で、「政治社外に純然たる学者社会を生ずるを得べし」という「学者」は、あきらかに職業的専門人に限定されていた。したがって学者の独立という主張は、つきつめていえば、政治家に対等の位階勲章と収入とをあたえよ、これが「学権」を「政権」に対等たらしめる条件だということになるのである。こうした内容の学問教育の独立が、国民の基本的人権の確立とかかわりをもつものでなかったことはいうまでもなかった。

彼は一三〜一五年にわたる政府の教育政策の反動化、とくに明治天皇側近の元田永孚を中心として、天皇の権威を笠にきた儒教的道徳教育重視の主張が擡頭したことにたいし、批判と反対につとめた。安川寿之輔氏の研究によれば、明治元〜三〇年の間に六〇をこす学問論・教育論の著作があるが、その約半数が一五〜一九年の五年間に集中しているという（「福沢諭吉の教育思想」㈢『宮城教育大学紀要』第二巻）。彼の努力の集中を知ることができる。かつて彼は「古来学者の所論十に八九は徳義の一方を主張して事実を誤り、其誤の大なるに至ては全く知恵の無用なりとする者なきに非ず、世の為に最も患ふ可き弊害なり」「物ありて然る後に倫あるなり。倫ありて然る後に物を生ずるに非ず。臆断を以て先づ物の倫を説き其倫に由て物理を害する勿れ」（『文明論之概略』)と、知育の必要、倫理にたいする科学の優位を明白に説いていた。今回もまた学校教育における儒教的道徳の復活にたいし「西洋の歴史・経世の諸学は学校を放逐して陳新(マヽ)交代、四千年前支那にて出板したる論語・中庸・孝経を以て、十年来の教育を変じて一蹶して天保の古に復したらば、天下の子弟は小心翼々律儀一偏の良民と化すべし、権利自由の説をして其跡を斂めしむるも此にあり、急躁狂奔の少年を退治するも此にありと観念して、教育の復古を希望するものゝ如し」と批判する。その批判のおもな理由は、天下の風潮は開進の一方に向かい、西洋智学を学ぶ必要はますます増大しているのに、儒教の内容は時代おくれで適合しないこと、今政府は、青少年が上を敬せずして不遜、みだりに政治を談じて軽躁であるのを憂うるのだが、それはたんに学校教育の欠点のみによるのではなく、開進の風に影響され輿論が改まったためであり、学校での道徳教育の効果はうすいもので、急退はかえって急進の極端を生み、害を生ずるというにあった(『局外窺見』一五年七月一九〜二九日、『徳育如何』一五年一一月刊8、前掲『急変論』等)。

しかし他方で、彼は開進論＝国権論の立場から、尽忠報国の道徳教育を主張しているのである。「今や我国の大勢は如何と尋るに、国是を定めて外国と交際を開き、其文明を取て彼我進歩の方向を一にし(開進論の主張―著者註)、文に武に商に工に一歩の前後遅速を以て百年の大計に影響を遺し、国権の軽重、毛髪の間に存して瞬間も油断す可らざるの時節なれば、此交際の重大事件たるを知り、文明進歩の辛苦艱難なるを解し、此重任を負担し、此艱苦に当るものなりと覚悟を定めたらば（国権論の主張―著者註）、凡そ日本国中の士人にして如何の感を生ず可きや。憂国の情勃勃として自から禁ずる能はざることとならん」と説く。そしてそのような任務をもつ国民の道徳としては、進化論・功利論のごときは将来の問題、「唯一種の理論」として学者の論議にゆだねて、今日とりあげる必要はないといい、「我日本国士人の為めに道徳の標準と為す可きものを求むるに我輩の所見に於ては報国尽忠等の題目を以て最も適応のものなりと信ずるなり」とのべるのである。そしてこの報国尽忠はまったく「情の働」であり、「情の働く所には数理を言ふ可らず」と、重要な提言をする（『徳教之説』一六年一一月二二～二九日9）。国権論を主張する上で、報国心の振起が重要であり、報国心は私情だと『文明論之概略』はのべた。しかしこの書では、前述のように、物ありて然る後倫あり、倫によって物理を害するなかれと主張し、「私徳の功能は狭く智恵の働は広し、徳義は智恵の働に従て其領分を弘め其光を発するものなり」と、知徳の不可分の関係をのべた。しかし『徳教之説』では、情と数理との相互関連をみとめず、両者をまったく分離する。数理は法律・経済のもと、政治の根拠、政治に道徳の元素を加味すべからず、宗教・道徳・尽忠報国の義に政治の主義を混同すべからずと論ずる。政治と宗教、政治と道徳を混同すべからざることは、まことにしかり。「徳義は一人の心の内に在るものにて他に示すための働きに非ず」（『文明論之概略』）。したがって各人の良心にゆだねられるべきものとなるはずであるが、『徳教之説』ではそう主張しているのではなく、「数理」とかかわりなく尽忠報国の徳目をもって道徳の基準と定めようというのである。

かくて尽忠報国は情の働き、情を支配し人心を収攬するものは天皇、天皇は政治社外の存在という論理によって、天皇の名で道徳の基準を定めるという結論は、おのずと出てくるのである。明治二三(一八九〇)年一〇月の教育勅語の発布にたいして、福沢が何の批判も公にしなかったのは、当然であった。彼は心中どう考えていたか、あるいは不満と批判をもっていたかもしれない。初心からすればそうあってしかるべきである。しかし外事優先と官民調和を軸とする思想に立つかぎり、天皇制定の道徳基準の設定、尽忠報国の徳目の重視は、その効用を尊重せざるをえなかった。すでに一六年に「脩徳外見の美を利用して安寧(そして国権強化—著者註)に利せんと欲するものなり」(『徳教之説』)との立場に立っていたかぎり、教育勅語を批判する意欲をはじめから放棄していた。彼の批判の対象は、道徳の問題に政治の主義を持ちこみ、政府の施政の方向を反動化する傾向にたいしてだけであった。一二年元田永孚が仁義忠孝を先にし、知識才芸を後にすべしと主張したのにたいし、内務卿伊藤博文は、「若し夫れ古今を折衷し、経典を斟酌し、一の国教を建立して以て行ふが如きは、必ず賢哲其人あるを待つ。而して政府の宜しく管制すべき所に非ざるなり」と反論した。これにたいして元田は「聖上陛下は君となり師となる御天職」であるから、道徳の制定は当然だと再論した。福沢は、反動の世潮の根源が元田に代表される儒教主義にありと見て、批判これつとめた。しかしその批判の行きつくところは、徳育の権を天皇がもつという元田の主張に接近することであったのは、皮肉であった。伊藤に代表される政府の教育政策は、一四年の政変以後は、元田の主張する線への結合をつよめた。明治政府内の「開明派」と「保守派」の対立ではなく、両者は妥協と相互補完へと進んだ。「開明派」支持を意図した福沢の教育論・道徳論が、客観的には「保守派」の支持といわぬまでもその阻止には働かなかったのは、この時期での彼の役割を端的に表明するものであったということができよう。

3　甲申事変への関与

明治一五(一八八二)年四月、板垣退助は岐阜で国家主義者に襲われて負傷し、一一月には福島事件が起こった。これは、自分の管内に自由党員と火つけ強盗は一匹もおかぬと豪語した県令三島通庸の、会津自由党にたいする弾圧策に起因するものであり、翌年一月には、官憲の挑発による高田事件が起こって北陸の自由党員がつぎつぎと逮捕された。政党の活動を事実上一切禁止することができる苛酷な集会条例改正が出たのが一五年六月、右大臣岩倉具視が自由民権運動に恐怖し府県会中止の意見書を出したのは、同年一二月のことであった。

福沢の晩年のこと、維新以来の政界の大勢を回顧して、明治一四年政変以後について「独り解す可からざるは政府の挙動なり」とのべた。すなわち官民調和して国会開設を待つべきであるのに、文明の進歩を厭う方針をとり、開進の説を唱えるものを目して過激軽薄の名をもってし、その結果「昨日まで文明流行の主人も遽《にわか》に日本魂を大にして排外自尊の気位を装ふ」という世相を生じたと指摘した。要約すれば「維新政府は明治十四年に国会の開設を公約しながら爾来の政策を見れば、開設の準備として認む可きものは唯憲法の編纂のみにして、天下の人心如何に就ては毫も顧みる所なきのみか、恰も開進の大勢に反して文明の士人を敵に取り、独り政府国の孤城に立籠りて自から守らんことを試み、偶ま民間に味方を求めんとすれば、所謂忠勇義烈の極端主義を奨励して古学者流の復活を促し、正しく開進の進路に大なる障害を横へたるのみ」と、反動政策をとった政府の責任を責めた(『維新以来政界の大勢』二七年三月一〜一五日14)。

この言は、同時に明治政府の開明的側面に過大の期待をかけ、これを援助して官民調和を実現しようとした一三〜一五年当時の彼の努力が空しかったことの告白であった。前述した官民の調和調停を皇室に求めるほかなかったのは、その挫折の証拠であった。彼が官民調和の条件と見なした書生学者の政治熱の過熱を冷却させる言論に自信を失ったのも、この時期の特色であった。一六(一八八三)年四月二〇日の『文明の利器果して廃す可きや』8では、少壮の輩が政談に軽躁狂奔するのは、徳教のあまねからざるためではなく、近時の文明の所産なのだから、今日の政治的対立も結局その遠因は除くべからざるものと覚悟せよという。それならばどうしたら良いのか。政談激化の遠因たる文明を退ければ国は立たず、文明を進めれば人心穏かならず、「文明も亦人間世界の一大困難物と云ふ可し」という矛盾に立往生するのである。そこで「臨機応変、以て時の宜しきに従ひ、病症の遠因を問はずして一時其近因を除くの法」を提案する。それは臨機応変、つまりその場その場の、しかも「一時」の療法でしかないが、それを試みながら全体の健康を保たしめる工夫があるだけだと説く。これに引き続く『政治の熱心を誘導する其法なきに非ず』(四月二一日8)は、学者書生を政治外の経済活動・学問活動に誘導せよとの持論をのべるのだが、「今この論点をば姑く擱き」と、さして熱意と自信とを示してはいない。ここで積極的に論述するのはつぎの主張である。——政府は民間の喧しき政論を恐れる必要はない。「蓋し我輩の望む所は尚之よりも大なるものあり。政府は唯世間の言論筆記を恐れざるのみならず、進で大に文明の事を行ひ、東洋に西洋に我国光を耀かして比肩独立の栄名を鳴らし、王政維新の功業を僅に日本国内に限らずして、其新鮮活動の力を海外に逞ふせんことを熱望する」ことである——。それだけではない。今度は民権派に向かって、壮士の中国行きを勧奨するのである。

「今日の人士が政談に喋々する其熱心を移して支那行を企つることとあらば、四百余州、業を営むの地なきを患へず(中略)。大は国権拡張、小は一身栄達の一助となるべきや疑を容れず」(『支那行を奨励すべし』一六年七月二〇日9)。

結局、国内政治の解決策を、あれこれと論じあぐんだあげくは、対外侵略論に求めるほかはなかった。それは福沢の思想の弱点にのみその責めを帰することはできないだろう。一〇年後という国会開設の期日が確定したのちは、政府の側も、自由民権派の側も、国内政治改革の基本目標を喪失した観があった。彼は「明治の初年に在ては文明に狂奔して一時に社会の面目を改るの偉功を奏したれども、人事漸く定れば病を発して施政活潑なるを得ず、官民共に閑居して今日の軋轢不調和を醸したり」とのべたが（前掲『藩閥寡人政府論』）、文明化・立憲化という改革目標を喪失して、「些々たる事由より」官民の対立が激化の一途をたどっているのが現状だと判断し、この現状を放置すれば、既定の国会開設も平穏のうちに行なわれる見込みはないと憂慮したのも、ゆえなしとはしないのである。

官民調和して前進すべき国民的目標は何か、これを求めようとすれば、対外問題以外にはなく、そう設定せざるをえなかったのは、政府の側も、自由民権の指導者の側も、共通したことであった。政府は後述するように条約改正に力をそそいだし、これにたいし、自由民権派の側も、地租軽減、言論・集会・結社の自由とならんで、というより、より重点をおいて条約改正問題をとりあげて運動の再建をはかった二〇（一八八七）年の行動は、このことを物語っていた。福沢もまたこうした流れのなかにあった。ただ彼がいち早く朝鮮問題をとりあげ、これをもって内安の実現を期したのは、独自の識見にもとづくことであった。

一六年から一七年にかけて、福沢のアジア侵略への衝動は加速度的に強まった。彼を焦慮せしめた第一の事情は、壬午事変後の清朝の朝鮮への干渉の強化であった。第二の事情は、フランスの安南侵略をめぐる清仏戦争がおよぼす国際的影響であった。

「今回の事一度び破裂するに至るときは（清仏開戦―著者註）、其影響は諸外国に関係して、当局の仏蘭西に感ずるのみならず、広く西洋諸国に波及して、近く我日本国も其関係の中に在るなきを必す可らず。震動の区域広大なりと云ふ可し」（『不虞に備予するの大義忘る可らず』一六年六月一八日9）。

清仏戦争が、東アジアを世界帝国主義体制に編入せしむる契機となったという世界史的意義をいち早く見抜いて、福沢は本多弥四郎を『時事新報』通信員として上海に派遣した。これにたいする日本の反応が彼にはもどかしかった。「安南の事変は唯々進歩中、（中略）日本は只管《ひたすら》無事主義、外の紛紜よりも内の民権とか申者が恐ろしく、萎縮いたし居候様子に御座候」（明治一六年六月、村井保固宛17）。

一六年九月二九日から一〇月四日にかけて連載した社説『外交論』9は、古来世界各国の対峙は禽獣相接して相食むものに異ならずという前提の上で、日本の外交進路は、つぎの二つのうちの二者択一だと提起する。第一は、不文明の国を食む者の列に加わって、文明国人とともに良餌を求めるかであり、第二は、数千年来ついに振わざる亜細亜の古国と伍を成し、ともに古風を守って文明国人に食まれるかであるとする。日本のえらぶべき進路は、第一の途すなわち帝国主義国の陣営に加わって侵略者となるほかはないという。翌々年の『脱亜論』の論旨は、すでにこのとき出されていた。そしてさらに説く、この第一の途に進むには、世俗旧慣を一変し、政事・法律・教育の大体より社会日常の細事に至るまで、つとめて西洋の風に倣い、「亜細亜の東辺に純然たる一新西洋国を出現する程の大英断」が必要だとし、いまの文明開進の状をもって進むにすぎたと見て復古を唱える老成者と称する輩を反撃し、「我輩の所見に於ては、事の大体を西洋文明の主義に従ふものと定めて唯一向に進歩し(中略)、何事の事情に迫らるゝも、既に一定したる進歩の大主義は之を変易す可らず」と言いきるのである。対外侵略に積極的であるときにのみ、その手段としての西洋化に積極的なのである。内政をもっぱら論ずる論説とは調子を異にしていた。

時に条約改正交渉実現のため、日本もここまでヨーロッパ化したと外国人に印象づけようと政府と上流階級が率先して欧化政策をすすめた鹿鳴館時代がはじまろうとしていた。外務卿井上馨の発起で、社交場の鹿鳴館が建てられたのは、『外交論』の出た翌月であり、その井上は、「我帝国及び人民を化して、恰も欧洲邦国の如く、恰も欧洲人民の如くならしむるに在るのみ。即ち之を切言すれば、欧洲的一新帝国を東洋の表に造出するに至るのみ」(『世外井上公伝』)と、福沢と符節を合するごとき所信を表明していた。福沢の西洋文明摂取論には、すでに権力批判の力がまったく失われていた。もし「批判」がありうるとすれば、対アジア侵略の「国是」を定めるのに政府に若干の躊躇があるとの一点にすぎなかった。

彼は対朝鮮・中国進出論を筆にするだけではなく、実行にのり出していた。壬午事変の賠償と京城駐兵権とをとりきめた済物浦条約締結の後、朝鮮政府は一五年一〇月朴泳孝・金晩植をいわゆる謝罪使として来日せしめたが、この顧問として来日した開化派の首領金玉均は、井上馨・福沢など朝野の有力者に会い、運動の指導援助を求めた。金の書いた『甲申日録』によれば、井上外務卿は「今我国軍備を拡張するは独り我国の本を固むるのみに非ず、貴国独立の一事の為めにも亦注意する所あり」とのべ、これを聞いた金は、日本政府の意向が朝鮮独立援助にあると察したと記した。政府が、朝鮮を属邦とする中国の主張を否認するために、また朝鮮の支配権をめぐって中国と戦うに足る軍備その他の準備と決意がかたまっていなかった情況からして、朝鮮独立論を表面にかかげたことは当然であった。これにたいし朝鮮への武力行使も辞せずとの主張を口にしていた福沢はどうであったか。福沢の門弟石河幹明の著『福沢諭吉伝』は、朝鮮の改革と独立を福沢は熱心に支持したとのべている。そして洋学を主とする学校を設立することと新聞紙を発行することをすすめ、このため門下生牛場卓蔵・井上角五郎・高橋正信を朝鮮に送った。一六年一月一三日の社説「牛場卓造（マヽ）君朝鮮に行く」[8]は、朝鮮にたいし威をもって嚇すべからず、利をもって導くべからず、ただその人心を正してみずから発明せしめるの一法あるのみと、開化への自発を重んずべきをのべた。しかしそれが彼の朝鮮政略のすべてではなかったことは前述した。ただ武力を使っての開化の強制の方策は当局者の任とし、彼の立場からできることとして、文をもっての誘導の方策をとったのである。こうして井上角五郎は朝鮮政府に入り、朝鮮初の新聞『漢城旬報』を官報新聞として発行し、これによって開化派の思想を宣伝した。しかしこうした手ぬるい文化工作で、福沢が満足するはずはなかった。日本政府の方針が開化派支持から不支持の消極策に、さらに積極策へと再転三転する間、彼の見解は朝鮮・中国強硬論へと一直線にすすみ、金玉均・朴泳孝派のクーデター計画に関係するに至った。

かくて一七年一二月に甲申事変が勃発した。すなわち金玉均一派は、ソウル郵政局開局祝賀の宴会を利用して閔泳翊ら保守派の政府首脳の暗殺をくわだてた。そして日本守備隊をもって国王警固にあたらせる一方、暗殺をもって閔氏政権をたおし、金らの開化派政権を樹立した。しかし国王の救出依頼をうけた駐在中国軍が出動して、日本軍を破り、金政権は文字どおり三日天下で崩壊した。これが事件の経過のあらましであるが、折からの清仏戦争での中国の敗退につけこんだ金一派と日本公使館との合作による陰謀であり、民間では福沢と自由民権派の領袖後藤象二郎とが関係していた。福沢がこの事件にどれだけ深入りしていたか、確実な証拠から明らかにすることはできないが、井上角五郎はクーデターの際の主役の一人であったし、このクーデターで用いられた日本刀・拳銃・爆薬の大半は、井上が福沢と連絡して密輸入したものだと語っている。いずれにせよ、内政面で着実な漸進主義を主張した福沢が、この賭博的冒険政策に関与していたことはおどろかされる。しかし一七年の彼の対外意見の動向を見てくると、彼が朝鮮政略実施のためには中国との開戦も辞せずとの態度をとり、むしろそれを挑発していたのだから、このクーデター関与も不可思議なことではない。以下この点を検討する。

彼は清仏戦争での中国の敗戦によって朝鮮人の中国依頼の情が冷却し、朝鮮での中国の勢力が後退する兆あるのを喜び、「今の時機は緊急中の最も緊急なるもの」と指摘した(『朝鮮に在る日本の利害は決して軽少ならず』一七年八月九日10)。そしてフランスをはじめイギリス・ドイツ・ロシアがつぎつぎと侵略に出る形勢にあることをのべ、「我輩竊かに支那の命脈を診するに到底永きを支持すること能はずと信ずるなり」と予言した(『脈既に上れり』一七年八月一五日10)。いまや欧州列強の中国分割は切迫しているという。「未来の支那は唯仏蘭西を敵とするに止まらずして、欧洲の数強国を敵とするの命運に迫りたり(中略)。洪大なる東洋の老帝国も、他日瓜分亀裂して、西方数国の分有する所と為ることなきを期す可らず」とのべ、在外国の友人某から送られてきたという、フランス宰相の「支那帝国分割案」なる想像記をかかげたが、この案の文中「日本は其地理支那に近くして、欧洲の諸強国が今日の幸運(中国分割のこと—著者註)に達するに当り、十数年来共に方向を與にして大に力あるのみならず、常に東道の主人と為りて便利を致したること尠からざれば、今台湾の全島と福建省の一半を占領するは誠に当然の分とす」とある。福沢はこれを説明して「今の亜細亜の実況を視察するときは、之を評して全く荒唐無稽の言とも認め難きが如く」とのべたが(『東洋の波蘭』一七年一〇月一五・一六日10)、まさに日本が中国分割の尖兵たる役割をもった一六年後の義和団の変での日本の役割を予想したものであり、そうあることを彼は期待したのであろう。

この時期、彼は中国にたいするつよい敵視と蔑視の意向をかくさなかった。「到底今の支那人に向ては其開化を望む可らず。人民開化せざれば之を敵とするも恐るゝに足らず、之を友とするも精神上に利する所なし。既に其利するなきを知らば、勉めて之を遠けて同流混淆の災を防」げという(『支那風擯斥す可し』一七年九月二七日10)。中国を蔑視し、中国と日本を区別することによって、日本をヨーロッパ列強の仲間入りさせることができるとした。「西洋各国が誤て我日本国を尋常東洋の一列国なりと認むることもあらん歟と、憂慮する所は唯この一事のみ(中略)。其支那は東洋全体を代表して、其東洋の中には地理に於て我日本国の名籍を存するがため、西人の胸裡、暗に日本與みし易しとの妄像を畫くなきを期す可らず。遺憾なりと云ふ可し」(『輔車脣歯の古諺恃むに足らず』一七年九月四日10)。こうした中国観に特徴的なことは、中国恐るるに足らずとする根拠が清仏戦争での中国敗戦の結果であり、欧洲列強の中国侵略激化の予測であったことである。この外の力に依存しての情勢判断が、清仏戦争の好機のがすべからずとの冒険的謀略に一か八かの賭をするという行動に出ることを促したのであった。

彼の対外冒険主義的計画は、国内情勢への対応にも起因していた。一七年は、国内政治では、自由民権運動にたいする政府の圧迫が強化され、それに対抗する自由民権激派の蜂起計画が立てられた。九月に爆烈弾をつかって警察署を襲撃する加波山事件がおこり、他方で松方デフレ政策の結果物価は下落し、重税と負債に困窮した民衆が関東・東海の各地で集合し、困民党・借金党を結成して蜂起する動きがおこり、ついに一〇月、自由民権激派が指導する秩父困民党の蜂起、すなわち秩父事件がおこった。そして自由民権運動の中核的組織である自由党が、政府のきびしい取締りに活動力をうばわれ、下部党員の蜂起を統制することができずに解党したのも同じときであった。福沢の執筆する『時事新報』社説が、こうした逸すべからざる国内情勢の激動に、ほとんどふれることのなかったのは注目しなければならない。彼はこの点について、「内の政治論などに於ては最も淡泊を極め、専制主義も一利一害、民権主義も一得一失、唯時の天下衆庶が十年にても二十年にても多数多量の幸福を享れば夫れにて沢山なりとは平生の持論にして」とのべた(『我輩の所望空しからざるを知る』一八年二月七日10)。この弁明の一面は事実である。すでに明治二三年に国会を開くとの約束ができている以上、民権論に本質的な問題はない、今日国民の関心をそそぐべきは国権拡張の一点のみと考えていた彼は、内安を求める目的から、ことさらに政府と自由民権派との抗争をとりあげなかったのである。しかしここに語られていない側面、すなわち内の争を外に転ずるため、外の争を待望するという心事があったことは、推測にかたくない。語られないことは、かならずしも関心がなかったことを意味しない。欧米列強のアジア侵略に期待して対中国対朝鮮政策を立てる心理は、同時に外競を利用して内安をはかる心理でもあった。

彼は農民窮迫の一大原因が米価の下落と租税の年一年の増加によることを知っていたし、農民の惨状が「意外の事相」を現出するかもしれぬとの憂慮を示してもいた。しかしその対策については、肝心の農民負担の軽減に一言もふれず、ただ米作をやめて桑田を作ることを提案するという安易さ、というよりも投げたという態度であった（『米の直段』一七年一一月四日10）。軍備拡張の急を主張する立場からすれば、唯一の財源ともいうべき地租の軽減を唱えることはできず、そうなれば対策がなかったのが実情であった。また貧富の懸隔の増大を論じ、貧者の不満が西洋ではストライキとなり、あるいは一揆となると指摘したが、「人の地球面に在る人間社会の組織に於て然るもの（貧富のへだたり―著者註）なれば、人力を以て遽に如何ともす可らざるものと観念す可きのみ」とし、「万分の一を弥縫するの道」として、富豪の没落交代、一時の愉快によって平生の欝を散ずることをあげた。それが「聊か以て情を慰るに足る」「唯一時の外面を装ふのみのこと」を百も承知の上で、貧民の問題の考察をおわり、筆をもっぱら貧窮不平を訴える書生の問題に移し、富貴を求めること難き故に彼らの政談が激化するのだとし、学者の地位を高くし、民間の事業をすすめるの策を出し、最後には「富貴内に求む可らざれば、去て海外の地に行く可し」と論じた（『貧富論』一七年一〇月二四〜三〇日10）。この社説では、政談鎮静がいかに彼の心を左右していたか、これに反して主題の貧富懸隔の問題は、その重大さを認識していながら、解決の良策なし、いかんともしがたしと投げていたかを示していた。それはかつてあれほどまでに熱情をこめて力説した民権と平等の「正道」の主張にいまや熱意を失ったことのあらわれであった。

彼は文明の裏面にある「惨痛」――なかんずく貧富の差の増大がロシアの虚無党、ドイツの社会党、イギリス・フランス・スペインの同類を生み出すと指摘し、「破壊党の勢力、今後進むことあるも退くことなきは是亦明に前知す可し」とのべた。そしてこの災厄から免かれんとする法として、欧米諸国は市場として価値ある中国侵略を企図しているのだと、帝国主義の性格をするどく見抜いた。そしてこの必然にして時機切迫する欧州各国の中国侵略がもしも実現せぬとすれば、貴賤貧富の懸隔がますます増大し、不平の熱度を高くし、「破壊の災禍は欧洲社会の蕭墻に起りて外を顧るに遑まあらざるの奇変」すなわち革命の勃発なしというべからずと論じた(『支那を滅ぼして欧洲平なり』一七年九月二五日10)。日本でもロシア虚無党のテロリズムの事蹟がさかんに紹介され讃嘆されたのはこの時期であり、自由民権激派は「陰かに社会党の主義を奉じ、口を極めて上等社会を攻撃し、財産を平均するの当然なることを発言」したと末広鉄陽の小説『雪中梅』はえがいていた。

福沢がこうした動向に無理解であったり、欧州の状況を我関せざる他人事視していたとは、彼の思想から考えることはできない。それにもかかわらず、ヨーロッパでの貧富の懸隔のあつかいと、わが国のそれのとりあげ方はあまりにもちがっていた。なぜか、彼の論著のなかから明らかにすることはできない。これ以上は推測を重ねるほかはない。私は、近時文明の必然的に生み出す貧富の問題がヨーロッパの情況に照らして、今日また明日の日本にもつあまりに重大な影響の前に、いまさら論じても仕方がないという諦観のようなものが、日本についての彼の言を封じていたのではないかと思う。とくに一〇月には自由党の機関紙『自由新聞』が、従来の主張を一変する『国権拡張論』と題する論説をかかげ、その形が「併呑蚕食」に類するとも海外殖民事業をおこさなければならぬとのべて、「彼の壮年有志等の熱心をして内事より転じて外事に向はしめ、政府は則ち之を利用して大に国権拡張の方法を計画するを得ば、内は以て社会の安寧を固うし、外は以て国利を海外に博するに足るに非ずや」と結論した。そのような時勢の動きをとらえ、かねての宿願実現の好機至ると、朝鮮政略の冒険を決断したのではないだろうか。

甲申事変がおこると、福沢は当然のこと、もしわが公使館の焼失と日本人の死傷にたいするわが方の補償要求に応じなければ、朝鮮・中国にたいし兵力に訴えるもやむをえないと主張した(『軍費支弁の用意大早計ならず』一七年一二月二六日10)。非難の矢は、とくに今回の事件の主謀者と見なす中国に向けられる。それならば中国と戦ってはたして勝てるのか。政府内部にもその冒険をおかす自信はなく、事態収拾の自重的態度が出ているのにたいし、彼は切歯扼腕する。わが兵は大挙中国に侵入し北京城をおとしいれ、皇帝熱河に退けばそこまで進み降伏させるべきだ。その成功疑なしと大言壮語をする(『戦争となれば必勝の算あり』一七年一二月二七日10)。そして「天皇陛下の御稜威に因て我軍の大功を期するこそ万全の策なれ」と天皇親征の準備をすすめることをとくに期望した(『御親征の準備如何』一八年一月八日10)。「我輩は今日死するも固より供養読経を願はず、唯支那談判の仕末如何を地下に聞て瞑せんと欲するものなり。斯く申せば我輩の心術甚だ以て怨恨不良にして執念深きが如く聞ゆれども決して然らず」(『我輩の所望空しからざるを知る』一八年二月七日10)と弁解せざるをえないほど、福沢らしからぬ昂奮であった。それは心からの昂奮ではなかったのかもしれない。彼および政府の関与したクーデター計画の無理をおおいかくす必要からでた、心にもない強がりであったとも思われる。『時事新報』のあまりの強硬論に困惑した政府がその停刊を命ずるという噂が出、この釈明を海軍卿川村純義に申し出た書翰には「今回朝鮮の事変抔に就ては色々申度事も有之候得共、実は政府の御都合を推察致し、且は日本国のためを思ふて、時としては心に思はぬ事までも記して事の跡を掩ひ居候位の次第」と記した(一八年一月二一日17)。

朝鮮交渉は、兵力を控えての「強請法」を用い、事件の責任を一切朝鮮におしつけて、賠償を獲得した。しかし対中国交渉ではそうはいかなかった。事件の発端となった日本側の責任がわが方の弱味となって、交渉の範囲を撤兵の一点に限定せざるをえず、これまで彼が呼号してきたような中国の責任の徹底追求ができるような情況ではなかった。「報国心とは、尋常の道徳を離れて徳義の範囲外に一種の私心を集め、其私心の活動するものと知る可し」。過ってあらたむるに憚ることなかれという一身の道徳は、国際間には適用できない。国としては、その過失を装いその非を遂げんとして力を尽すのみか、その過失いよいよ大なれば、その尽力もまたいよいよ勉めて、いかなる場合にも他に一歩も譲らず、ついには干戈に訴えても自家の非を成すを常とする。そして一切の汚辱は弱者の負担となり、勝者は道徳においても正義者の名を博する。「今日其支那に対するの挙動を見れば、或は怨恨の深くして自省の念なきに似たれども、国交際に於て権利の争は左もある可し」と論じるに至るのである(『国交際の主義は脩身論に異なり』一八年三月九日10)。彼みずからの行動をふくめた日本の行動についての「自省」の念なきにあらずと思いいたるまでの余裕が出てきたとき、あらためて再度強調されたのが、過失を正義としてしまう力の論理であった。私は、この論文の背後に彼の昂奮を演じたあとの苦渋の思いを読みとらざるをえない。

この一週後、有名な『脱亜論』10が掲載される。その結論は「今日の謀を為すに、我国は隣国の開明を待て共に亜細亜を興すの猶予ある可らず。寧ろ其伍を脱して西洋の文明国と進退を共にし、其支那・朝鮮に接するの法も隣国なるが故にとて特別の会釈に及ばず、正に西洋人が之に接するの風に従て処分す可きのみ。悪友に親しむ者は共に悪名を免かる可らず。我れは心に於て亜細亜東方の悪友を謝絶するものなり」というのである。この論旨は一年半前の『外交論』と同一線上にある。だがこの論文の特色は、西洋文明東漸(言葉をかえればヨーロッパ列強のアジア侵略)の勢はこれを防ぎとめることはできないという断念を強く表明したことである。そして、これを防がざるのみならず、つとめてその「蔓延」を助け、国民をして早くその気風に浴せしめることこそ智者の仕事だと、帝国主義への適応に積極的姿勢をとったことである。しかし同時にそれはいかんともしがたいこと、それ以外に日本の独立発展がないこと、そうした現実追従の諦念が流れていたことを看過することはできない。

「苟も世界中の現状を視察して事実に不可なる（文明東漸を阻止することの不可能――著者註）を知らん者は、世と推し移りて共に文明の海に浮沈し、共に文明の波を揚げて共に文明の苦楽を與にするの外ある可らざるなり」

「文明」とは、欧米帝国主義と読みかえることができる。現実の変革ではなく現実に追随する現実主義は、甲申事変前にすでにあらわれはじめていたが、この事変における行動の苦々しい経験をへて、いっそう強く彼の思想を色どることとなった。

Ⅶ　初期議会と日清戦争

1　国会開設への提言

明治二二(一八八九)年の憲法発布、翌年の議会開設を迎えたとき、内政・外交にたいする持論の実現が、もっとも暗い見とおししかもつことができなかったことは、民権の首唱者をもって自任する福沢にとって、つらいことであったにちがいない。

官尊民卑の打破は、彼の宿論中の宿論であった。それを主張しつづけること多年、今日に至るまでその効力を見ない。しかしおよそ一国に流行する宿弊の除去は、一時一人の力をもって叶うべからず、「聴かれざるを知て論ずるは愚なり、行はれざるを見て運動するは粗暴なり」。しいて働きかける必要はないという。「区々たる今の官尊民卑、何ぞ深く憂るに足らんや。官民不調和の如き、時勢の成行に任じて可なり」(『世界甚だ広し独立の士人不平を鳴らす勿れ』一九年九月一五日11)。

なぜなら、文明化が進行すればおのずからその弊はなくなるだろうと達観する。

「官途の尊大は独り日本に限りて、文明の諸国に其類例を見ず。然るに其日本国は次第に文明国に近づき、次第に文明の人に交はり、自国の物をも人をも文明にせんとて熱心し乍ら、独り官途の尊大のみを文明の例外に置かんとするが如きは、勢の許さゞる所のものなればなり」(『日本の官途は栄誉の源にあらず』一九年一二月七日11)。

それは官尊民卑の風を改革することの困難にたいするあきらめでもあり、自嘲でもあったろう。一九年の大晦日の社説末尾には「日本の政事は政府の官吏の負担する所にして、国民の喙を容る可き場所柄にあらず(中略)。日本の国事は一切政府に任して、其是非の評論をも禁句として謹んで口を閉ぢ、一日も速に身構へして外国行の工風専一なる可し」(『歳末の一言学者後進生に呈す』11)と皮肉の筆で結んでいた。

日本社会の分厚い伝統を打破する見込みがないとすれば、それに依存しそれを利用する方法をとるしかない。「人間世界は人情の世界にして道理の世界に非ず(中略)。人事の軽重に論なく其大半の運動は情に由て制せられざるものなし」。そこで為政者は私徳を慎み節倹を守れと説く。政治は道徳にあらず、仁君・智君の出ないのは文明進歩の証拠とかつて主張したが(八三ページ参照)、いまはその逆を勧説する。日本の事物は近来西洋流に変化したといっても、徳行の主義は未だ旧道徳である。節倹の主義顧るに足らざるのみかかえって厭うべしというのが我輩の持論であるが、日本が旧風の道徳国で、質素倹約が道徳の大箇条であるかぎり、天下の人心を得るには、政治家には節倹の主義がもっとも適当である。節倹を重んずれば、国民の道徳心を刺衝すると同時に、政治家＝官吏を羨望するの念を断念せしめることになる、と（『政略』二〇年八月一五〜一七日11）。もっとも官吏に節倹を勧めるのは、官費公費が消費者（官吏）の額の汗より生じた金ではなくややもすれば浪費しがちであること、節倹を守らせることによって有形の文明開化を官途がもっぱらにする弊を防ぐことが企図され、「従前は日本に於て唯文明の政府を見たり。自今以後我輩は文明の日本国民を見んと欲す」（『民間の文明をして却歩せしむる勿れ』二〇年九月二八日11）とのべていたことを見落すことは、福沢にたいして不公平な理解となるだろう。それにしてもなおかつ「旧道徳」尊重を説く矛盾は明らかである。官尊民卑と旧道徳とはともに封建社会を母胎とするものであること、これまたかねて彼が解明してきたことであるからである。

もはや官尊民卑とたたかう意欲は弱まっていた。失われていたといっても良いのかもしれない。現在の依然たる官尊民卑は、人民に私権を護る自覚がないからであるというのは、多年の持論であり彼の得意とする主張である。しかし今日私権尊重を主張すると、流伝誤解の恐るべきものがあると心配するのである。誤解とは、民心粗暴の弊を生じ、人民が官辺の人にたいし不遜傲慢なるをもって得々とすることである。人民が公用の場で官吏に接するときは、その法律が官尊民卑の主義を利なりと認めるものであっても、決してその主義にもとるの権利はない。法律を是非し改革することは政権の問題であり、私権の範囲ではない。自分が官尊民卑を批判するのは、公用の場を離れた私的な交際にまでその風が持ちこまれることが困るからだと限定する。しかし私権と政権とが不可分の関連をもつことを、ヨーロッパ社会の歴史からも、日本社会現時の動向からも知っており、これに口をつぐむことはできなかった。論旨の苦心も混乱もここから出てくる。――西洋諸国では人民が私権を護るため専制に反対し政権参与を要求した。日本ではまだ私権の発達を見ないのに、にわかに政権論が盛んとなった。今の政談者は、私権の重きを知らず、自家の功名心から政権を求める者がある。しかし他方で、本来政治家でなく、尋常一様の実業者たる壮士老成人が私権をおかされたのを憤り、政権参与の新説を耳にして、運動に加わる者が出ている。これは「文明歴史の正則」であるとみとめる(こうした動きの一例として東北の養蚕製糸地帯をあげているが、この当時自由民権運動の再興として擡頭した大同団結運動における地主層の動きを指しているのであろう)。しかし福沢はこの動きを支持するのではない。「社会安寧の為めには甚だ祝す可き事相にあらざるなり」という。それならばどう対処するのか。みずから私権を護らぬのは本人たる人民の罪であるが、人民は無力であり、官辺の威厳をもって事を処するは容易であるのだから、政府・官吏の側が国民の私権を重んずる方向に進むことを冀望すると結論した(『私権論』二〇年一〇月六～一二日11)。いかにして私権を確立するかの観点からではなく、もっぱら社会安寧の秩序維持の目的からの対策が提唱されているのが、この論説の特色であった。

この時期の彼の書翰には、日本の現状に希望をもてぬ暗い気持がにじみ出ていた。『時事新報』が社説『条約改正は時宜に由り中止するも遺憾なし』によって発行停止の処分をうけたとき、「是れも日本にては致し方無き次第、拙者は敢て立腹も不致、扨々困るネーションなる哉と大息するのみ。都て人間のパッションは可相成丈け自から制して自から禁ずるの覚悟専一なり。迚も我意の如くなる可き人間社会にあらず」（二〇年六月、福沢一太郎宛18）。またいう「茶菓にも飯の菜にも政談のみ。面白くも何とも無之。詰り政治繁昌の大日本国、十万の役人が色々にして自国を食ひ亡ぼすに相違無之」と（二〇年八月、村井保固宛18）。またいう「政府の干渉も甚しきよし、実に驚入候次第。併日本に居る限りは致し方無之、酩酊漢に接する覚悟にて辛抱の外無之事と存候」（二〇年一二月、中上川彦次郎宛18）。――自由民権派も信用できないが、さりとて政府も信頼できがたい。だがどうなるものでもない。そうした気持が、政治評論の精彩を失わせ、論理を不通にし、説得力を弱からしめていた。

しかし国会開設を二年後に控えた二一年となれば、政府も人民も私権を守るよう心掛けよというだけではすまなくなった。大日本帝国憲法の草案ができ、その内容が君権中心主義のプロシヤ風憲法であることも伝わり、これを審議するための枢密院も設けられた。福沢もかねてから主張してきた責任内閣制が実現するかどうか、内閣と国会の権限の関連如何に関心をよせた。責任内閣制でなければ、国会はただ「下問の府」というべきのみである。しかし憲法は当分漸進の形をとるとの言分で有責任であるかのごとく無責任のごとく、解釈しだいでどうとも考えられるようなものとなろうが、実際は無責任の方に傾くと予測せざるをえないと指摘する(『内閣責任の有無如何』二二年一〇月二七日11)。その推測の上で、国会を開いた暁、内閣は法律上は国民にたいして無責任の地位に立つとしても、徳義上の責任は免れることはできないと論じる。その徳義上の責任は「古来日本に行はれたる徳義政府の余業を継ぎ、不言の間に国民と約束したる者」である。その古来からの「徳義政府」とは、民は政府に忠を尽し恩に酬ゆるといい、政府は民を御して之を休養させるという、政府を恩徳の府と見、官民の間柄を親子視する、そのような専制無責任の政府の人民支配の関係にほかならぬことを指摘した上で、この本来批判破壊すべきものを逆手にとって、内閣は国民にたいして徳義上の責任があると説くのである。それは巧妙な口説ということができるかもしれない。しかし原則をみだすことではないか。『文明論之概略』の思想をもってすれば、許さるべき論理ではない。しかし彼はつぎのように論旨を展開する。古代から明治の今日まで、政府も人民も徳義政府論をとっている上で、国会を開いたらばどうなるか。議員が重税による人民困窮を演説し「俗に云ふ泣言を交へて、暗に人民の依頼心を引起し、只管御上の御慈悲を願ふと云はぬ計りの口気」にて新規法案に反対したならば、政府は徳義政府の手前困惑するであろう。だから政府の側で、人民慰撫の先手をとれという。誤った口説が、議員の演説云々といった、言うべからざる例証を呼びおこす。そしてこの論理からは何の適切な対策も出てこない。結局この社説で政府に忠告したことは、議員の要求を先取りして、言論の自由と政費の節減を実施するならば、議員は言うことがなくなり、国会は静穏になるであろうということにすぎなかった。これが枢密院で憲法草案審議がおこなわれている真最中の二一年一一月、三号にわたって連載された『政府に於て国会の準備は如何』11と題する社説の内容であった。かつてイギリス風の政党内閣制を主張した福沢の面目いずこにありやというのが、心ある読者の感懐であったろう。もっとも福沢もこの論をもって万事おわれりとしていたわけではない。内閣は施政の主義に一定の針路を定め、その方針に賛成のものだけで政府をかためよといい(『現政府の地位』二一年一一月二九日11)、国会との関係がむずかしくなり内閣更迭を余儀なくされた場合、政府は断然内閣を議会に明け渡して、内閣交代の先例をひらけとのべ(『内閣更迭の先例』二一年一一月三〇日11)、これによって事実上の政党内閣制の実績を作ろうとしてもいたが、それも要するに政府の側からする善意良識に期待するにすぎなかった。

明治二二年二月一一日、大日本帝国憲法は発布された。これにたいし福沢は『日本国会縁起』(二二年二月一二~二三日12)という長文の社説をもって答えた。いわく「日本国民の多数は政権参与を求めたるに非ず、仮令へ之を求めたりと云ふも、能く其性質を弁じて自家の利害を思案し事実の要用に迫られて起て求めたるものにはあらざるなり」。それならばなぜ政府の側が立憲制採用にふみきったのか。「我日本の国会開設は外の人民より迫られたるに非ずして、政府部内の冀望に原因して発したるものと云はざるを得ず。即ち今の政府に在る旧藩の士族等が、士族社会同胞の都合に迫られ、様々の行路を経て遂に此挙に及びたることとなれば、其事情全く西洋諸国の先例に異なるを見る可し」。結局、「今度国会の開設も其起源は士族の願望に生じたることにして、唯在朝在野の旧藩士族等が国会と名づくる公場に国政を討議せんとするものに過ぎざるのみ」。国民の九割をしめる平民のかかわることではないという。しかし現状はこうだが、わが日本社会もすでに文明の主義に支配される以上、やがては第一に金力、第二に智力に権力が移ることとなる。その移行はかならずしも速かでないだろうが、平穏におこなわれるだろう。それは日本固有の習慣たる国民の「順良の公徳」によるものである。「人或は之を評して日本人の卑屈と云ふ者もある可けれども、我輩は敢て弁を好まず、卑屈にても無気力にても能く艱難に忍耐して乱れざるものは、之に附するに順良の名を以てせざるを得ず」。この遺伝先天の性質、順良の資質を日本人民がもつ以上、立憲政治は、軽挙暴躁が退けられ、順良着実となるは疑いないと論ずるのである。この論旨をまともにとれば、『文明論之概略』の思想からのへだたりはあまりにも大きい。大きすぎるのである。しかし前述『私権論』では、私権が確立せず、官尊民卑が打破されぬかぎり、国会が開かれても、在野の政治家が政権に参与して官辺と名づくる一種無類の霊場に入ることとなるが、人民の大多数は卑屈の境界からまぬかれぬのは必然の勢いと指摘した。この論旨と結びつけて、順良の公徳を讃える『日本国会縁起』を読むと、存外彼はここで皮肉の逆説を吐いているのかもしれない。所詮国会ができても政府は安泰であろうと。彼が国会開設を揶揄の眼で見ていたことは事実である。

「新橋《あたらしばし》外の議事堂も既に経営中、此様子にては、ほんとうに国会を開く積りならん。如何なるものが開けるやら見物可致と楽しみ居り候事なり」(二二年一〇月、藤野近昌宛18)。「東京は勿論、日本国中選挙の騒ぎ、実に小児の戯か大人の発狂か、驚入候事共なり。小生杯はこんな事に心身を労する積りも無之」(二三年七月、山口廣江宛18)。

それにしても、もし『日本国会縁起』が反語であるとして、この整然たる文章を皮肉・反語とだれが読みとるであろうか。読者への効果は逆であったにちがいない。

大日本帝国憲法の内容に関しては、超然内閣について論じた以外には、ほとんど批判の言を公にしていないのも、特徴的なことであった。もともと国会の文字は西洋の語を飜訳したもので、国会といえばただちにイギリス風の国会を想像するが、日本人の智徳習慣にしたがう「日本の国会」でしかなく、これを進歩させて「日本固有の良政」をつくるには歳月を必要とする。現今のわが国政治社会の知徳習慣は「古流忠義の智徳」と門閥の習慣である。国会の名義にのみ依頼して、知徳習慣の現実を忘れるか、その反対に知徳習慣のまさに変形すべき変通を知らずしてかたく旧物を守り、国会の名義を蔑視するかであれば、双方の衝突は必然であるとその不可を説く(『政治の進歩は徐々にす可し急にす可らず』二二年三月一八日12)。だから超然内閣を批判しても、維新の功臣をもって組織した内閣ではそれが適当であっても、次代の内閣の交替では勢い政党内閣とならざるをえない、超然内閣論者もこのことをみとめよという手ぬるい批判であった(『政党以外の内閣』二二年三月一五日12)。

彼が創始された立憲制に大きな期待をよせなかったのは、政治社会の依然たる古さを重視していたからである。官途においても、政党にあっても、人間の結合は主義にあらず、ひたすらに人に「附着」している。さらに奇怪なことは、政治家が政治の主義を問わずして土地に「附着」することである。すなわち「畢竟するに我国の政治家が、忠実の義を重んずるよりして遂に之を誤解し、己が墳墓の土地を重んずると同時に、先づ其地に生れたる大人を重んじ、却て自身独立の大義を忘却して政治上の主義をも明にするを得ず、唯大人に雷同して其風に靡き」という郷党の先輩への従属である(『政治上には唯主義あるのみ』二二年三月一六日12)。門閥の弊は、維新の新門閥ができて二十余年、新たに養成したものである。藩閥政府に反対する政党の首領がかならず維新の功臣すなわち近代の門閥人閥の人物にかぎられるのは、その例証である。わが輩は、国会開設後の政治は「日本の封建政治に英政(イギリス風の立憲政―著者註)を調合して、当分の間は先づ其調合政事にて歳月を送ることとならん」との「漫画」を臆測しているという。封建的な元素は容易に払拭できない。なぜなら政治社会は士族社会だからと論じる。政治は社会の一局部にすぎずという持論に関連して、ここでも政治は士族だけにかかわるものという側面をもっぱら強調する。

「国会の開設とて元と是れ人民の敢て上に迫て出来たるに非ず、政府の内より興りたるものにして、云はゞ日本政府と名くる一大藩中の士族(即ち官吏)と、在野の士族有志者即ち旧藩にて云へば郷士とも称す可き種族との為めに、開設する政治会なれば」というのである。そして藩閥政治家の心身の屈強なる間は、わが国会にイギリス風の政治を期待できぬと観念せよと結ぶのである(『政治社会の門閥は今尚ほ存す』二二年三月一九日『旧藩政と英政と』同二〇日12)。

この福沢の見解には、地主・商工業者の政治参加の趨勢が重きをおかれていない。直接国税一五円以上の者が選挙権をもつということは、士族以外の富有者の政治参加を意味していたし、彼も将来は士族が実業者の後に瞠若たることとなるは必然だとしていたが、当面は、士族の支配する国会であり、国会議場は農工商を代表するにあらず、士族政治家流の思想を代表すと考えていた(前掲『日本国会縁起』)。この点では地主の進出にたいする過小評価があったことは明らかである。彼が農業と農村の事情には比較的うとかったこと、尚農よりむしろ尚商を主張していたことが、こうした考え方をもった一因であろう。

それにしても、彼の士族国会の指摘は、政治の政権は社会活動の一局部で、そのほかに実業者が活動する私権の世界が存在するのだという主張からして不当に強調されたことであり、また政治の改革は漸進主義にもとづき混乱をさけるべきだとの考え方から、ことさらに拡大された嫌いがあった。彼のいう私権が確立し、実業者の勢力が拡大すれば、門閥の力はおのずと弱まって消滅し、イギリス風の政治となるのであり、国会が開かれた以上、政党内閣への移行は当然の成り行きなのだから、強いて今日藩閥政治の改革にあせる必要はないし、かえって効果はマイナスだと説くのである。相変わらず彼の憂慮は、憲法発布・国会開設を機に政治論が過熱することであった。政治の改良が一応見込どおりにできたとして、その結果はどうであるか。

「成程、政治の当局者に更迭ありて新陳代謝する其中には、年来の弊習も次第に改まり、所謂改良の実を奏する事も敢て難からざる可しと雖も、国の文明富強は独り政治の改良のみを以て能くす可きにあらず。若しも商売工芸其他の有様にして隆盛進歩の実なきに於ては、政治の改良、如何に其歩を進むるも、日本は依然たる今日の日本にして、西洋諸国に対しては矢張り不満足の地位に立たざるを得ず。之れを日本男子の栄誉と云ふ可らず。且つ又社会の事情、今日に異ならずして、人生の功名栄誉は全く政治社会に専有さるゝが如き有様なるに於ては、なまなか新陳代謝の例を開きたる為め、世界の政熱に却て一層の甚だしきを加へ、政治上の地位は益々羨望の府となりて、徒に社会の人心を忙殺するに過ぎざる事ならん。左れば所謂政治の改良なるものも、目下の事情に於ては左まで香ばしき事柄たらざるのみならず、之が為めに却て社会の多事を招くが如き実はなきやと、我輩の今より懸念する所なり」(『政治社会を如何せん』二三年一月一〇、一一日12)。

政治改良を求める政論の昂揚をかならずしも支持することのできなかった彼の心事がはっきり

示されていた。

彼が国内政治において当面求めるものは何か。国会開設後数年の安寧をはかることが第一に重要だとする。日本の国会開設が円滑におこなわれるかどうかを世界各国の人が注視しているのだから、わが国会を完璧にしてわが国の品位を高める覚悟がなければならない。「左れば来年の国会議場は之を一種政治上の式場として唯粛穆静謐に式を執るのみか、当座三、五年の間は之を以て政治の争論場なりなど心得」てはならないと説く(『国会平和の用心怠る可らず』二二年九月一七日12)。そうした意図から、「我輩の宿論に、国会開設後数年の間は単に之を会議の調練として、実際の政治上には大波瀾を起すことなく、年々歳々次第に進歩上達して徐々に佳境に入る可しと勧告するも、此辺の微意のみ」と論ずる(『安寧策』二三年七月一～八日12)。

在野の政党に改革の手控えを求めた以上、政府の側が改革に出ることを求めなければならない『国会準備の実手段』(二二年四月二六日～五月六日12)はこの点についての考えをまとめてのべたものである。――「我国会は官民調和の媒介」たらしめなければならないとの観点から、政府は大いに決断して、人民の意表に出て、国会議員の攻撃を先制すること、現内閣員が協力一致して政風を改良することが必要である。人民が政府攻撃を試みると推定される項目は、第一に経済、第二に法律警察、第三に言論、第四に官尊民卑である。第一については、諸大臣の官宅を廃止し、大臣以下高位の政務官の俸給を減じ、官吏の生活の奢侈を改め、さらに無用の官吏を淘汰し、不要の省庁を廃止することである。そして地方の細税目を減廃税すれば、天下の民心は政府に帰するだろうという。第二については、裁判官の行政部従属の疑惑を晴らし、警察の取締りが日常生活の瑣末におよび人民の煩をなすを弛めること、第三については、言論集会の条例を改革することを勧めた。そして第四については、公文の体裁が人民にたいしはなはだしく驕傲であり、官吏が人民との交際にえばるという弊風を改めよと論じた。

右の四項目はたしかに一応時弊を衝いた改革目標である。しかし政府がこうした改革をみずから進んで実行すると彼はどこまで考えていたのだろうか。封建士族の末流たるいまの政務員に向かって、東洋国に固有する治者被治者の関係の一変を求めるのは、もとより容易でないとみとめていた。しかし今日の日本は東洋流を脱して西洋風の国会を開くのだから、官民の関係も西洋諸国のごとくならざるをえないはずだとのべているが、前述したように、一方では、わが国政治社会が古流忠義の知徳と門閥の習慣に支配されていることを強調しているのだから、その実現を期待していたとは思えない。第一の減税について、これまたどこまで主張に責任をもっていたか疑わしい。地租軽減は、現行の地租率百分の二・五は、農家において不平なきのみか「前代未聞の仁政」だから、その軽減は賛成しないが、地方税を軽減し、また上等社会に不愉快の感をなさしめる所得税を廃止することを考えるべきだと提案している。しかしながら後日の別論文(『地租軽減』二三年一二月三〜五日12)では、軍備拡充をはじめ支出は年々増加する形勢だから、冗費を節約したとしても、減税する余裕はなく、追って新税を起こすことも覚悟しなければならぬと説いているところから考えると、減税の実行が可能だとは考えていなかったであろう。そうすると官吏の公私のぜいたくをやめるとか、公文書の文章の体裁や人民との交際での官尊民卑の態度を改めるといった心構えの改善が重点であったと思われる。もちろん、彼にとっては冗費の節減が、心構え論以上のものをねらっていたことは前述のとおりである。そこでもし彼の意図するように、それが権力偏重の打破という大きな効果をもつとすれば、いよいよもって官吏が他から強制されずに自粛してみずからの権威を削減せよという提案は、現実離れしたものだということになる。在野政党の改革要求をおさえた代わりに、一応形だけ政府の側からする改革を勧告したという感が強いのである。

2　官民調和論の破綻

明治二三(一八九〇)年一一月から開かれた第一議会では、民力休養・経費節減を主張する民党は、予算審議をめぐって政府と衝突した。民党側の予算削減案は、官吏の俸給と定員の減額であり、そのかぎりで福沢の主張と相背するものでなかった。これにたいし政府と与党は官制の編成は天皇の大権であり、したがって政府の同意なくして官制改革にふれる予算削減をおこなうことはできないと反対した。かくて議会解散の危機となったが、自由党内の大江卓・林有造ら土佐派が政府と妥協することによって、削減額を最少限にとどめ、ようやく予算修正案が衆議院を通過したのは二四年三月二日であった。この一年前、福沢は、議会の任務について、政費節減につとめるか、言論・出版・結社の自由をうるにつとめるかを論じ、政費論の一方に専心すべしと主張した。けだし彼は政費論の方が抽象的な権利論よりも、官民調和を実現する可能性があると判断したからであった。そして国会の決議にたいする政府の不認可権については、ただ万一の場合の用心として規定しているだけで、政府がこれを実際に使うことができないと考えるべきは、政治上の徳義（ポリチカルモラリチー）のもっとも肝要なところだと指摘した（『帝国議会』二三年一月七、八日12）。彼はこの発言について、第一議会の実情に照らしてどう反省したのであるか。政費論と権利論とは不可分であり、議会権限の拡大強化なしに政費節減すら実現できぬことを事実をもって国民の前に明らかにしたのが、第一議会の予算審議経過であったと思われるが、彼はそう考えてはいなかった。彼は、民党側の主張が急変を求めすぎると反対し（『予算減額の方法』二四年三月一、二日13）、地租五厘減のような「浮泛急激」なる議決をする衆議院は、中等社会の有財有徳者の利害を代表する者ではなく、極端にいえば壮士を代表するにすぎないと、かえって衆議院の反省を求めた（『貴族院に重きを成さしむる勿れ』二四年三月五日13）。

このちの論説はもっぱら強硬有力な内閣を要望することに向けられる。有力とは何か。「国家の長老」「維新以来現に事に当り、内治外交の実験あり又熟練ある者」つまり元勲が連合合体する内閣、とくに「明治の老政治家中、最も当世流にして、立憲国会の政理に明なる聞え」ある伊藤博文の出馬を要望する（『請ふ伊藤伯を労せん』二四年六月一五日13）。いったい、彼がこれまで強調してきた門閥打破論、爵位辞退論はどうなったのであろうか。その出馬要望の中心である伊藤博文こそ新華族という門閥・爵位の制度を定め上流階級の奢侈の風を作った責任者であることをみとめていた。しかし伯も機転に富める才子、時の模様を見て変通に吝ならざるはその長所のよし、といったあいまいな理由で、伊藤の新政略は貴族流でないだろうことは疑いないところ（『其組織の強硬有力たらんことを望む』二四年四月一八日13）という、原則なき妥協、責任なき発言に陥っていた。

国内政治への批判の意欲を失ったとき、政府にも偏せず政党にも偏せぬ公平の立場を標榜していた彼も、ずるずると権力の側に接近していた。政府に改革を求めるポーズをとってはいたが、実際にできる見とおしもないし、それをさして期待してもいない。ただ願うことは、国内政治の平安である。ところでその内安によって達成されるべき外競が、当年の彼にとって自信をもつものであれば、まだ彼の論説は一定の力をもつことができたはずである。しかしこの外競についても、甲申事変以後は、具体的な目標を見失っていた。内の争を外に転ずる策を求める主張は相変わらずくりかえされる。二三年一一月『外を先にす可し』12という社説を発表した。政府は内の治安を謀る一方であるが、国民は国権論に熱心である。しかし熱心なだけで一定の針路がなく、無益に力を労している。だから国会開設を機に、全体の熱心をもって外にたいする方向を一定することが目下の急務だという。しかしその方向を一定すべき重要課題がない。政府の対外政略は、平和的に外交交渉をする流儀で、条約改正交渉はもちろん、中国・朝鮮にたいしても同様であると不満の意を表明するのである。それならばこの停滞をどう打開するか、外交交渉には兵力の後楯が必要であり、武備を充実するには、財政の余裕がなければならぬから、冗費節減の工夫が専一だというのが結論なのだが、肝心の政費節減をめぐって官民が激突しているのだから、「外を先にす可し」との主張も、いっこうに具体策をもたない竜頭蛇尾の論旨に終わっているのである。

この時期の対外関係の焦点は、条約改正問題であった。福沢は、井上馨外相およびそのあとをついだ大隈重信外相の治外法権撤廃の企図は、外国人裁判官の採用という不徹底な点をもっているが、それは日本の実状からやむをえぬことだという漸進主義の立場から支持していた。しかしこの両外相の企図は、ともに右翼国家主義者や自由民権派系の反政府派の、国権をきずつけるという反対運動のため失敗におわった。彼は「条約改正と名くる外国問題を以て内憂の媒介とする」ことに反対する(『功名手柄を明にす可らず』一三一年九月二六日12)。この見地からすれば、官民抗争の媒介となっている条約改正問題は、内の争を外に転ずる効果をもつものとなりえない。そうなれば中国問題・朝鮮問題以外にはないが、甲申事変の後始末として日本と中国とが朝鮮への出兵を協定した天津条約締結以後、一歩退いた日本と一歩前進した中国との間には一定の勢力均衡状態が朝鮮にできて停滞の情況を示し、国民の国権意識をかきたてる問題がおこっていない。彼はいう――政府も政党も国内政治の些細な事情にとらわれて外にたいする方略を建てる余裕に乏しい。外国の関係穏かにして人心無事に馴れるという情況を打開するには、何か非常の大事件でも勃発して全国の耳目を警醒するほかはないと外戦を待望する意見もあるが、我輩はもとより賛成しないと弁ずる。しかしその反対理由については、戦争はもともと国家の凶事にしてみずから望むべきものでないという以上には何もいっておらず、逆に外戦恐るるに足らずという強調がなされている。そして「今その戦争の元気を其まゝに保存し、兵馬戦争の形を変じて国勢競争の戦場に赴かん」ことを冀望するという。形を変じるとは、海外へ出て航海商売殖産の戦に従うというにあった(『今日の策果して戦に在るか』二四年六月一一日12)。論旨はいっこうに冴えない。

しかしようやく待望する好機は外部の偶発的事件の勃発によって近づいてきた。二四(一八九一)年五月、中国揚子江沿岸において民衆がキリスト教会を焼打ちし宣教師を殺傷した事件をめぐって、各国連合軍が上海呉淞を占領する計画であるとの報が入るや、福沢は「目下支那の交渉は、我国利を拡張する一大機会なる可しと信ず」と言明した。これまでは朝鮮の支配権をめぐっての中国との対立であったが、この社説では、中国にたいするわが国利の要求が公然と主張された。「我商売の販路を彼(中国―著者註)の内地に求むるが如きは、其最も急なるものにして、之が為めに是非とも従来の条約を改正して、日本の商人に諸外国人と同様、彼の内地に入込むの権利を得せしめざる可らず」（『支那の交渉事件は我国の好機会なり』二四年一〇月一五日13）——内地旅行の権を欧米諸国なみに獲得するよう、中国との条約を改正して不平等の条約とせよと主張するのである。六年前の『脱亜論』の主張が、具体的な対中国要求として、公然化されたのである。

二五年になると、外の事件を求める姿勢は一段と強まった。内の争の激化を鎮静する見込はますます失われたからである。二四年末から開かれた第二議会での政府と民党との間の争点は、やはり予算問題で、民党は第一議会同様、官吏の俸給・人員の削減のほかに、軍艦建造費および製鋼所設立費など軍事費の中心部分に削減を加えようとした。樺山海軍大臣が「維新以来、内外の多難に贏ち得て、帝国の今日あるを致したるものは是れ誰の力ぞ。世に所謂る薩長政府の力に非ずや」との暴言をはいて、民党側を憤慨させたのは、この削減案にたいする反対演説においてであった。そしてこの予算修正案がついに衆議院を通過したので、政府は二四年一二月二五日衆議院を解散した。これにたいして福沢の論評は、もっぱら議会の「軽挙暴進」を責めるに向けられ、もし議会の議決の態度が穏当であれば政府はあながち政費の節約を拒む意はなかったと、軍事費という急所をはずした無理な弁明をおこなった。そして、もはや区々たる調和手段は無用とあきらめ、政府は議会の物論を意とせずして独り自から大英断に出でよと、松方内閣を激励した（『消極と消極との撞着』二四年一二月一五日13）。

彼の民党にたいする反感ははげしかった。議会はひたすら政府の処置に反対するだけで、反対の理由がないのみか、人情に忍びざる所をも犯して物に狂するものの如しとまでいう。そして民党が岐阜・愛知両県下の震災に関する臨時支出の緊急勅令の事後承諾の件について、審査に必要な参考書類の提出を求めたのにたいし、政府はこれを提出せず緊急事件として即決を要求し、議合わず審議がすすまぬうちに解散にあって未了となった点をとりあげ、これは震災難民の救済を放棄する「残忍酷薄」の挙動であり、この一事をもっても、今回の解散は不当ではないと説いた。これはあきらかに事実をゆがめた弁であったと評さなければならない。政府の解散理由書も、国防上・国家経済上欠くべからざる急務の経費(軍艦建造費・製鋼所設立費)を排斥する意志を議会が表明したことを中心の理由に挙げていた。いったい彼がかく民党の主張を故意におとしめてまで、解散を支持し、対民党強硬論を主張したのはなぜであろうか。彼は立憲制の常識にそむく強硬策を開陳する。

「従来の如き超然主義などいふ優長の風はサラリと止めて、今度の再撰挙には大に運動して多数を制するの用意も肝要なる可く、或は若しも多数を得る能はずして、議場の有様依然前回に異ならざるときは、更に解散を再びするの決心もなかる可らず」(『国会解散して政府の方向は如何』二四年一二月二九日13)。

この論説と、官尊民卑の打破、官民調和の実現という持論とを調和させようとすれば、彼の意図をつぎのように読みとることとなるだろう。そう解釈する以外に道はない。——政府は超然主義という看板をはずして民党に対立する姿勢を公然化する。これによって政党内閣の実に一歩近づく。また当局者は主義にもとづいて一致協力して政権を強固にすることができる。すなわち「情実政府」から主義主張の政府に近づくこととなる。その上で官尊民卑の風を改めて人民の感情を和げる手段をとり、民心を収攬する。すなわち官尊民卑の打破のイニシアチブを政府にとらせるための、対民党強硬論であるということになる。しかしこれで官尊民卑の打破、官民調和が実現すると考えることはできない。

やはりねらいは、民党攻撃への政府激励、しかも政府の動きを先導する効果をもつ発言であった。枢密院議長伊藤博文は、超然内閣では議会を操縦できぬと考え、天皇中心主義の政党組織の計画を二五年一月二二日上奏したが、山県有朋ら他の元老の支持がえられず、天皇が裁下せぬという形でうちきられた。この伊藤の動きと無関係に福沢の提唱があったのか、何らかの情報をえていてその先廻りをした形で右の発言があったかわからないが、彼の企図が決して突飛なものではなかったこと、それだけに政府の動向に現実的な影響をおよぼすものであったことは推察にかたくない。彼の言論は、松方内閣の選挙干渉についても責任なしとしなかった。内閣の地方吏員・警察官を使っての露骨な干渉にもかかわらず、二月一五日の総選挙では、ふたたび民党の勝利におわり、民党のはげしい非難攻撃をあび、ついに内務大臣品川弥二郎は責を引いて辞職するに至った。これにたいし福沢は、知事・警部長もしくはその部下の失錯であって、政府が選挙干渉を指揮した事実はないと断言し(『品川内務大臣の辞職』二五年三月一二日13)、選挙干渉によって引きおこされた各地での暴動については「正気の沙汰に非ず」と、民党候補者および選挙人の立身出世欲のための政治熱中に責任ありとのべ、「畢竟するに社会上流の人々が、政治の外に人事あるを知らずして、功名手柄の争を唯一局部に限るが故に、斯る見苦しき境遇に立至ることゝ知る可し」と、例のごとき説教をくりかえした(『政治に熱して政治を重んずる勿れ』二五年二月一九日13)。しかし選挙前の一月一四日の社説『政府の運動手段』13は、政府の干渉の挙と無関係だといいきれぬ内容であった。その前半部分は、立憲政治の時代に政府が政治上の運動をするは咎むべからず、今の政府の人がその官吏たるの権力を外にし、政府党として運動する以上は、自党の多数をうる目的で選挙に干渉するはもとより至当だとのべた。そして後半部分では、大臣が政府党の一人たる資格をもって同じ資格の知事に依頼し、知事もその心得で郡長・警察署長に依頼するなど、上下とも一個私人の心得をもって周旋するなら、政府党と名づける政党員として働くものであるから差し支えないが、運動のため国庫金を濫用すること、官吏の職権を誤用して正当の範囲をこえることは反対だと警告した。いったい彼の眼目は、前半にあるのか後半にあるのか、あいまいであるところがジャーナリストとして練達老獪なゆえんであるのだろうが、この論説が政府や読者にどう受けとられるかを考えるとき、彼の政治責任は免かれることはできえないだろう。この前後の松方内閣鞭韃の社説には、彼の本来の面目から逸脱したと考えざるをえない口調が見られた。たとえば『政府の決心未だ晩からず』(二五年一月一七日13)では、民党も永劫未来政府の敵たるべき約束をしたのではなく、本心の底を叩けば本来解散を欲したのではないから、よし選挙が民党の勝利におわったとしても、政府の覚悟一つで民党のうちの多数を味方にすることは難きにあらずと説き、「先づ政府部内の一致を堅固にし、政権に於ては他に対して一歩も譲らざるの覚悟を定むると同時に、一方に於ては従来の恩威手段を止めて愛嬌を天下に振蒔き、自から身を軽くして世間の歓心を求め、人民に交りて多少の敬意を表するときは、官民の間、自然に調和して、反対の風潮を挽回すること敢て難からざる可し」とのべた。ここでは「愛嬌を天下に振蒔き」とか、人民に「多少の敬意を表する」とかの見せかけの官尊民卑の除去をもって、民党を味方に引きつけ、人心を集めるための術策とするという論であり、彼の最後までつとめた持論ともいうべき官尊民卑打破の理想を犠牲に供する挙であったといえよう。

ここで本章の論旨から若干脇道にそれるが、世の反響の大きかった著書『瘠我慢の説』6を検討しておこう。この脱稿は二四年一一月の末であり、写本で関係者たる勝海舟・榎本武揚・木村芥舟・栗本鋤雲・徳川頼倫等に示したのは、翌年の一月の末から二月のはじめにかけてであった。論旨は勝と榎本の出所進退を非難したものであった。非難の第一点は、勝が幕末に敵(京都政府軍)に向かって何の抵抗を試みずに講和を構じたのは、日本武士の気風を傷うというにあり、第二点は、勝と榎本がかつての敵たる明治政府に仕え栄達したのは、これまた士風をきずつけたものというにあった。この書はその後二七年ごろ世上にもれ、三四(一九〇一)年一月『時事新報』紙上に発表されたが、世間では、福沢の知られざる反面があらわれたものとして注目を浴びた。徳富蘇峰は「楠公権助の奇言を以て一世を転倒せしめ、拝金家の大和尚と歌はれたる福沢氏の、其の親友にのみ知られ広く世間に認められざる侠骨稜々たる半面端なく此れが為めに現出したれば也」と評し、国粋主義を唱えた政教社の機関誌『日本人』は、「茲に言ふ所の事、其の人の平素言ふ所と頗る趣を異にすと雖も、異にするだけ其れだけ筆力あるに似たり。要するに一大文章たることを失はじ」と、讃辞をもって紹介した(『福沢諭吉選集』第七巻、家永三郎解題)。

しかし士風維持の必要は、『丁丑公論』前後くりかえし説いてきたことであり、「旧道徳」が今日においてもつ役割を評価し其の尊重を論じた発言をしたのも、数年前のことであった(一九九ページ参照)。したがって彼の常日頃の主張からして意外だということはできない。にもかかわらず世間が意外だと受けとったのは、二十数年前の行動について、何をいまさら仰々しく非難するのかという疑問と重なったからであろう。しかし私は、明治二四、二五年の交の筆として、必ずしも理解できないことではないように思える。この書で勝・榎本にたいする非難をとおして彼が主張したかったことは、忠君愛国の気風の振起であった。「立国は私なり、公に非ざるなり(中略)。是れ人間の私情に生じたることにして天然の公道に非ず」と、『文明論之概略』以来の考えをあらためて確認する。つぎに忠君愛国は哲学流に解すれば人類の私情であるが、現実の国際情勢においては美徳であり、「哲学の私情は立国の公道」だという。かつては、愛国はあくまでも「権道」であり、権道として自分は選択するのだとした態度と異なり、「立国の公道」として忠君愛国の道徳は晴れて公認される。この忠君愛国が弱者の場合瘠我慢となる。「強弱相対して苟も弱者の地位を保つものは、単に此瘠我慢に依らざるなし」。そしていう「後世の国を治る者が経綸を重んじて士気を養はんとするには、講和論者の姑息を排して主戦論者の瘠我慢を取らざる可らず」と主戦論者の意気地をたたえたかったのである。

彼が内の争を外に転じようとつとめるとき、障害となったのは、朝野の指導者のなかにある、利益なしとか勝算なしという「数理」である。それを批判することが、隠された主眼であった。

「蓋し勝氏輩の所見は内乱の戦争を以て無上の災害無益の労費と認め、味方に勝算なき限りは速に和して速に事を収るに若かずとの数理を信じたるものより外ならず(中略)。其心術の底を叩て之を極むるときは、彼の哲学流の一種にして、人事国事に瘠我慢は無益なりとて、古来日本国の上流社会に最も重んずる所の一大主義を曖昧模糊の間に瞞着したる者なり」

執筆の意図は右の点だけにあるのではあるまい。やはり明治政府への忿懣が、明治政府に仕えることへの批判のなかにこめられている。明治政府の門閥主義について、頑迷な保守主義について、改革の意気込を失った無気無力の状態について強い不満をもっていた。しかし客観的には、年とともに政府支持の一辺倒へとおし流される結果となった。内安を求めるにはそうせざるをえなかったにせよ、内心はみずからの論説にも満足できぬ不満が欝積していた。それがヒステリックに爆発したのが、この論文であったのではあるまいか。一四年の政変以来、伊藤博文とは絶交の状態であった。伊藤とふたたびあったのは三一年五月であった。その伊藤にたいして、才能識見を買い出馬を待望する社説を公にせねばならなかったことは、公私を混淆しない彼の公明な心事を語るものであったとはいえ、自負のつよい彼の性格からすればつらいことであったろう。二四年六月、大槻文彦の『言海』の出版記念会に、伊藤とならんで祝辞をのべることとなっていた次第書を見て「老生は伊藤伯に尾して賤名を記する好まず(中略)。学問教育の社会と政治社会とは全く別のものなり。学問に縁なき政治家と学事に伍を成す。既に間違なり」と、彼の名の削除を求めた(二四年六月、富田鉄之助宛18)。ここに記されている、学問独立の意地、それこそいうところの痩我慢をせめてこの機会に示したいという気持は、また勝・榎本の仕官栄達の道義的責任を問わねばならぬという心境に連なるものであった。

3 文明の義戦

明治二五(一八九二)年五月にひらかれた第三特別議会では、衆議院は選挙干渉の内閣責任を問う決議案を可決し、これにたいし松方内閣は七日間の停会を命じたが、民党の気勢をくじくことはできず、民党はさらに前会と同じく軍艦建造費・製鉄所設立費などを削減する予算修正案を可決した。これにたいし貴族院は政府の工作によって、削除款項を復活する修正案を可決、ここに貴衆両院は対立したが、六月天皇は枢密院の諮詢を経て、貴族院の復活修正権をみとめる勅裁を出し、ここに予算修正についての両院の間の妥協が成って、内閣は辛うじてこの議会を切りぬけた。しかし、高島陸相・樺山海相が民党の攻撃に譲歩した選挙干渉善後措置に反対して、辞表を出したため、内閣が閣内不一致を理由に総辞職を決行したのは七月三〇日であった。そしてそのあとの第二次伊藤博文内閣は山県有朋・黒田清隆・井上馨・大山巌ら元勲を閣僚とする非常時内閣であった。かねて福沢が要望した伊藤の出馬であり、「元勲総出の内閣」であったが、それは同時に藩閥勢力が「明治政府末路の一戦」を覚悟せざるをえない深刻な危機に追いこまれたことを意味した。

『一大英断を要す』13と題する外戦待望の社説をかかげたのは、七月一九、二〇日、すなわち松方内閣の倒壊直前であった。彼は、いまの民間の反対論は一部分の過激論にすぎないから深く恐るるに足らずとの楽観論に反対し、ついには官民両立せず政党内閣となるかもしれぬ勢いだという。そしてもし民党が政権をとれば、いたずらに三日天下をもって社会の秩序を攪乱するだけで、維新以来元老の先輩が辛苦経営した治安も無に帰するだろう。だから「今の謀を為すに唯英断を以て対外の大計を定め、社会の耳目を此一点に集めて、以て国内の小紛争を止むるの一法あるのみ」と主張する。そしてその対外政略は朝鮮にありとする。彼は一応日中両国が一致して朝鮮に独立国の名をなさしめよ、日本をして朝鮮の文明化の先導者たらしめよというのだが、もともと人心を外に転じさせるという政略から出たことであるから、「専ら平和の手段を以て独立の目的を達せんとする其中には、他国の関係より時に或は軍国の警を要することもある可きが故に、国中の人心は自から此一方に傾て他事を思ふの暇なきに至る可し」とのべたように、「軍国の警」の発生に期待する意を蔵していたものであった。この点について「本来朝鮮政略とは徒に事を好んで他国と事端を発くの趣旨に非ず」、日中両国が双方共に徳義上の助力を朝鮮にあたえ独立の実を全うせしめんとするに外ならずと弁明し(『朝鮮政略は他国と共にす可らず』一五年八月一五日13)、日中両国が従来の対立感情を一掃し、共同の利益のため力をつくして朝鮮を保護する工夫が必要と論じたのは(『所属論は論ぜずして可なり』一五年八月一六日13)、かの壬午・甲申事変当時とちがって、朝鮮をめぐる英・露をはじめとする欧米列強の侵略の危機が切迫していた事情にもとづいており、その脅威にたいする日中共同の防衛論が当初は強かった。しかしまた反政府派が対外強硬論をもって政府攻撃に出ていたことへの顧慮があった。外交のことに関しては常に公平穏和の主義を執り、「攘夷的の議論を喋々するが如き軽忽の所業を慎み、愛国と外交とを両立して、相戻らざるの道理を知らざるべからず」とも説かなければならなかった所以である(『極端の愛国論者』二五年一〇月七日13)。彼の対外政略論もまた硬軟いずれにも組しえぬ困難の位置にあった。対外危機の醸成は、極端の愛国論者を生み、それは帝国主義列強の利益が錯綜するなかで、外交の困難をもたらし、かえって朝鮮政略を困難にし、また反政府運動の擡頭に武器をあたえるという矛盾に立っていた。一面では外交には公平穏和の主義を執れと説きながら、他面では朝鮮に事が起きた時迅速に出兵できるためには、中国政府と協議して天津条約を廃止せよと論ずるといった立場が、朝鮮政略論の内容をあいまいなものとしていた。

折から二五年一一月から開かれた第四議会では、伊藤内閣にたいする民党の攻撃は、やはり軍艦製造費を中心とする予算削減であり、井上馨首相臨時代理——伊藤は議会開会直前負傷した——は、たとえ議会が軍艦建造費を否決しても、政府は東洋の大局を維持するために、憲法の範囲において断乎としてその計画を決行する道を求める決心であると応酬した。衆議院は内閣弾劾上奏案を提出、これにたいし政府は一五日間の停会を命じたが、民党の気勢は挫けず、休会明けに衆議院は上奏案を可決した。この間福沢は、内閣が民党に逆わざることをこれつとめる消極的態度をとっていることを批判し、軍艦建造費の否決にたいしては、緊急勅令をもって実現し、次期議会に事後承諾を求め、それがえられぬ時は、再三再四、幾度でも議会を解散すべしとの強硬論を出したのは(『軍艦製造費の否決に対する政府の覚悟は如何』二六年一月一二日13)、井上首相臨時代理が前述の強硬方針を演説した四日前であった。内面の事情はどうであれ、今回も福沢の発言は、政府の方針を先導した形となった。したがってその結果についても責任なしとしなかった。しかし彼はいう、「我輩素より官民の孰れにも偏するに非ず。唯議会の開設匆々、官民共に事に慣れざるが故に、数年間は議事演習の時代として、其事実に左ほどの重きを置かず、云はゞ議会が民利国益を与すよりも、之が為めに害悪を生ずることなければ暫く之に満足し、他年その演習の熟達するを待て大に為すことあらんとするまでの冀望なれば」政府も人民もいま少し寛大たれという(『解散の結果如何』二六年一月二五日13)。しかし議会に民利国益を求めぬならばどうして緊急勅令の方策といった、官民抗争をことさら激成させ、そのうえ「議事演習」にマイナスになるような措置を政府に勧告したのか。この期に及んで、政府・民党ともに寛大なれという福沢の言論は責任を回避したとの非難をまぬかれなかった。

二月九日、伊藤首相は上奏文を天皇に差し出し、政府・議会の対立を打開するための和協の詔勅か、衆議院解散か、いずれかをとられるよう勅裁を求めた。そこで翌日天皇は、政府と議会の和衷協同を希望し、今後六年間毎年内廷費より三〇万円を支出し、また文武官僚もその間俸給の十分の一を献納して建艦費の補充にあてよとの詔勅を出した。かくて一夜にして局面は一変し、政府と議会の妥協が成り、軍艦建造費をふくむ予算は成立することとなった。福沢は衆議院が内閣弾劾を上奏した態度および伊藤内閣の詔勅に依頼した政策について、皇室を政争の渦中にまきこむなと反対の意を表明した。一五年の『帝室論』以来の一貫した主張であった。政府と議会が争うのは「立憲政治の常態」であり、その争いにみずから始末のつかぬ度毎に、双方から天皇に上奏し勅命を促す如き習慣は、帝室の尊厳を失わせ、帝室の尊厳を保つ所以ではないと論じた（『勅命を煩はし奉る可らず』二六年三月二五日14）。それならば内閣はどうせよと説くのであるかといえば、内閣が衆議院と妥協の際、行政整理の実行、政費の節約、海軍の改革を約束したことを強く非難した。そうした申訳的改革では政党は満足しない。政権をとることが目的だという。「其（民党—著者註）主張する政費節減・民力休養論の如きは、唯これ政府を攻撃する為めの口実のみ。真実の目的は難きを責めて当局者を苦しむるに在り。之を苦しめて取て代はるに在り」（『対議会策の失敗』二六年三月一八日14）。——この観測はある意味でこの時期の民党の性格を言いあてていた。民党の闘将である河野広中も、海軍拡張の必要をみとめる点では政府と一致しているが、政府の非立憲的態度や海軍の「藩閥情実」の改革を求める意味で、軍艦建造費など海軍の新規要求の削減を主張しているのだと政府弾劾演説のなかで釈明していたし、自由党領袖星亨は前議会以来外相陸奥宗光とひそかに提携し、政府との接近をはかっていた。問題は民党のかかげる要求主張をどう受けとめることによって、政府と政党の体質をどう変えてゆくかであった。福沢はこう政府に向かって説得する。民党の攻撃に対抗して政府が改革すべきは、行政整理でもなく、海軍の改革でもなく、政費の節減でもない。民間の反対は実物の得喪を争うのでなく、感情から来ているものであるから、官僚の爵位・俸給・車馬・官宅という、人民の感情を害している悪習悪弊を改めて「民間の感情を慰する外に手段なかる可し」とのべた（『時事新報の官民調和論』二六年一月二七日〜二月四日13)。

官僚の爵位・官宅を廃止せよ、俸給を減廃せよとは、二一年以来機会あるごとにのべてきたことである。しかし先年の場合は、政費節減の要求と結びつけてであり、この政治要求をかちとることを通して、官尊民卑の風を打破することをめざしており、それなりに政治改革への展望をもつものであった。しかし今回の発言では、政費節減からきり離し、政費をとりあげることを止めさせることによってこれを主張した点がちがっていた。こうなれば政府は民党の基本的要求項目を一切とりあげずに、申訳のような爵位・官宅の廃止をもって「感情」を慰撫することであった。そいったいこの勧告をすることで、彼のかねて念願する官民調和が実現するというのだろうか。そこで彼はこう論ずる。改革をしても駄目だ、改革を議会に約束したのも失策だと悟ったなら、外交問題に社会の耳目を引く工夫をすべきである。しかし条約改正は難問で容易の業ではないし、海外移民は地味で一時の人気を引き立てるに足らないから、まず差しあたりは東洋問題だ。たとえ戦端を開かなくても、朝鮮の辺に何か交渉事件を生じて、人心を此の一方に向かわせるごときは相応の手段だが、いまの当局者のなかには、前年朝鮮政略に熱心して一時大いに勇気を奮いながら、中途の小変にたちまち挫折して手を収め、あとの始末を曖昧にしたものがいるから期待できない。彼らにこれを実行する勇気があるかと(『議会閉会して後の始末は如何』二六年三月一日14)、またまた朝鮮政略に頼る必要を説くのである。

かくて彼は二六年四月以降、防穀令問題で、朝鮮にたいし断乎として賠償を要求せよといい、東学党の乱を重視し、朝鮮の混乱の危機を指摘してこれに乗ずべきを力説した。

「今の朝鮮の如き新開国の外交上に、文明流の慣例を云々するのは、果して穏当の説と云ふを得べきや否や(中略)。西洋に行はるゝ文明流外交の慣例を以て之に処すること能はざるは申す迄もなけれども、彼の文明の諸国と雖も、新開国に対するときは其慣例外の筆法を以てすること、普通の手段にして毫も奇とするに足らず」(『朝鮮談判の落着、大石公使の挙動』二六年五月二三日14)。

しかし政局は、朝鮮政略ではなく、条約改正をめぐりそれを焦点として展開した。二六年一〇月、国権主義者は大日本協会を結成し、内地雑居を条件として法権・税権の全面回復をはかるという政府の条約改正方針に反対し、完全対等の条約締結までは現行条約を徹底的に励行すべしと主張した。そしてこの大日本協会の呼びかけに応じて、対外問題をもって政府攻撃を試みようとする対外強硬の諸政派の連合が成立した。従来政府与党の立場にあった国民協会が中心であったが、第四議会中から自由党と対立していた民党の一方の雄、改進党もこれに加わった。折から千島艦問題がおこり、国民のナショナリズムの感情をつよく刺戟した。この事件は、前年一一月わが軍艦千島艦がイギリス汽船ラヴェンナ号と衝突沈没し、政府の賠償請求八〇万円のわずか一割の獲得で妥結したことの不満に加えて、わが政府が至尊の名を用いて外国の一商人と争ったのは、皇室の尊厳を冒瀆したものだという非難がたかまった。対外硬諸派の連合は、こうした国民感情に依拠するものであった。福沢はこの国民感情をもとにして、内の争を外に転ずることを企てたが、対外硬派は、それを内の争へのエネルギーとしようとした。第五議会では、野党の対外硬派は、予算問題に関心を示さず、取引所問題で収賄したという農商務大臣後藤象二郎を非難する官紀振粛の上奏案を可決し、一二月一九日には外人の横暴を断乎取締れという条約励行建議案を提出した。衆議院との妥協を意図していた伊藤内閣も、ここに至ってその道を断たれ、議会を十日間停会し、再開された議会に再度建議案が出されると、二週間の停会を命じ、対外硬派の中心である大日本協会の解散を令し、一二月三〇日にはついに議会を解散した。何の理由も公表しない停会・解散の挙は非立憲であるという非難は、貴族院のなかからも出るほどであった。

福沢は政府の条約改正交渉を支持し、対外硬派の運動には反対した。それは彼の思想と発言からして当然であった。内地雑居反対論者は、金力智力に勝る外人がわが国民を圧倒するのをおそれるが、外物の刺衝によってかえって国民の知見を開発することができると論じ(『非内地雑居論に就て』二六年九月二三、二四日14)、またこの論が攘夷的の精神をよびおこし、外国交際に重大な結果を生むことをおそれ、その原因は、明治一四、五年のころ、政府が教育において儒教主義を奨励した結果だと政府の責任を指摘した(『其責に任ずるものある可し』二六年一〇月一二日14)。そして非内地雑居論は条約改正実現の世論の一致をやぶるものであるから、ただ冷淡に看過してこれに処する工夫がないのは不可であると、暗に弾圧の策をとるべきを示唆した(『人心帰一の工夫は如何』二六年一一月二二日14)。彼は対外硬派の立場には、従来の自由民権派に対する以上に、理解を拒んだ。それは無智であり、反動であり、実行不可能のことを要求する、何か為にする大言壮語で、国事を弄ぶものと非難した(『敢て非内地雑居論者に告ぐ』二六年一一月二六日14)。そして官紀粛正を上奏した野党の行動について「法律一偏、極めて冷淡なることそ憲法の本色、議会の性質なれば、斯る性質にてあるものが法律以外の徳義を論ずるは、聊か自家の本領を逸するものと云はざるを得ず」と論じた(『官紀振粛』二六年一二月五日14)。

彼は議会の情況にたいし、解散やむなし政党にたいし断乎たる措置をとれと政府に勧告する。「従前は老婆が養育の巧者など自称して大に気取り、砂糖を与へて小児の泣を止めんとしたれども、砂糖の甘味、却て児の蟲気を起して暴れ出したるが故に、今更ら養育の法を改め、世の具眼者に対しては少少面目なき次第なれども、此処は勇を鼓して世論に頓着せず、砂糖に易るに苦味を以てして、尚ほも乱暴せんとするの様子を見たらば、老婆も変じて丈夫と為り、維新前後の磊落を再演して鞭撻を試む可きのみ」(『又もや十四日間の停会』二六年一二月三〇日14)。「老婆」とは政府を指し、小児＝政党を甘やかすなと切言した。そして政府は「開国進取の主義」をとって部内を一致せしめ、条約改正の交渉をすすめよと力説した(『開国進取の主義』二七年一月七日14)。

しかしその彼も政府の前途に希望を見出すことはできなかった。選挙となれば、対外硬派の民党が多数を占めることは明らかであった。「現に議員の候補者中には条約励行の一点張りを以て選挙を争ふもの少なからず。而して一般の選挙人も其主義人物は第二として、単に排外の説を喜ぶもの多き有様なりと云へば、事の成行は今より推知するに難からざる可し」(『部内の排外論を如何せん』二七年二月六日14)。こうした政府の窮境は何によってもたらされたかといえば、明治一四年政変以後、政府が開国進取の主義を捨て、民間の政治論とさえ聞けば、一切過激にして秩序を紊るものと認め排斥したことに責任があったという、かねての意見をくりかえす。そして我輩が官民調和論を唱えたのも、立憲政治を開国進取の事と認め、それに向かっての官民の協同和衷を説いたのであったが、政府の政略はまったく反対に出て開進論を敵視し、遂に今日の国会の難局をかもしたと批判する。政府がすすめる「忠勇義烈の極端主義」は時節と場所によりて大いに必要と感ずるが、複雑きわまる人事政事は、この一主義をもって貫くべからず、政府は開進の士を逐ってことさらに敵とし、一時の歓心を買った守旧者とも永く親しむことができず、かくて守旧者は不平の開進者流と結託して方向を共にするに至ったと政府の責任を痛論した。しかもその上でなお元老の奮起を期待する。「我輩は敢て其人に恋々して其私に庇護するに非ず。唯一国政界の治安の為めに之に為政の地位を授けて、其人々の病老死に至るまで其身に属する元勲の名望を利用せんと欲すればなり」。その求むる所は、「天下の輿論を制して政府の基礎を固くし、立憲政体の本色を現はして政動の円滑を欠かず、徐々に十数年を経過する其中に、知らず識らず責任内閣の佳境に達することある可し。我輩の敢て信じて疑はざる所なり」――そこで彼は具体策を提案する。功臣は華族の爵位を辞退し衆議院に出よと。そして功臣の一類が衆院を牛耳り、功臣政府と功臣衆院と相対し、相流通し、交代して内閣を組織し、事実上の責任内閣制に進むのだと（『維新以来政界の大勢』二七年三月一～一五日14）。

二七（一八九四）年三月の総選挙は彼の予測のごとく、依然として対外硬派が多数を占めた。そして政府の言論・集会の取締りの強化はかえって対外硬派の気勢を高めた。ついで五月には、前会には硬派と分裂していた自由党までが加わって、第五議会を解散した政府の行為を非難する決議案を可決した。さらに内治・外交についての政府問責上奏案を議決し、六月一日衆議院議長は上奏の手続をとるが却下され、二日政府は議会を解散した。これまで政府の鼓舞にこれつとめてきた福沢も、議会の「排外論」が性質を変じ、公然藩閥打破を主張して政府に迫るのを見、もはや藩閥勢力の自滅を待つの外なきを察した（『社会の弊害は根底より絶つ可し』二七年五月二二日14）。

このとき朝鮮で東学党の乱が重大化した。彼はこの乱を「所謂百姓一揆の類にして一時の騒ぎなれば意に介するに足ら」ずとしたが、朝鮮政府の威厳行なわれず鎮圧できぬとなれば、我が兵力を貸しても鎮圧させる覚悟が必要だと説く（『朝鮮東学党の騒動に就て』二七年五月三〇日14）。ついで居留民保護のため早速出兵すべしといい（『速に出兵す可し』二七年六月五日14）、日本政府の出兵決定の報について長期駐兵の覚悟を要すとのべ（『京城釜山間の通信を自由ならしむ可し』二七年六月一二日14)、その駐兵はさしあたり居留民の生命財産の保護であるが、すすんで商売の安全を保護し、さらに日本貿易の利益を保護することが必要だと論じた。さらに要求は上積みされる。この際、朝鮮政府に要求すべきはソウル・釜山間電信線の監督権の獲得、ソウル・仁川間、ソウル・釜山間の鉄道敷設という軍事的要求であり、こうした電信・鉄道をはじめ朝鮮内政の改革を指導するは日本の任務だと主張する(『朝鮮の文明事業を助長せしむ可し』二七年六月一七日14)。朝鮮要求は帝国主義的な要求にまで急速に膨脹していった。そしてそれは陸奥外相が、出兵駐兵を合理化しかつ中国と朝鮮との属邦関係をたちきるため朝鮮内政改革要求を提案した挙と相呼応するものであった。清朝政府が受諾しないであろうことを見越した上での日中両国共同の朝鮮内政改革の提案を清朝政府に提案することを閣議で決定したのが六月一五日、そして前記の社説が出たのは一七日であった。つまり今度はこれまでと逆に、政府の対中国戦争へと進む朝鮮外交の歩みは、福沢の論に先んじていた。かつての壬午・甲申の事変のように、彼が強硬論を唱えて政府を鞭韃する必要はなかった。彼は対清朝政府交渉に悠々日を送って大切な機宜を誤るなといい(『速に韓廷と相談を遂ぐ可し』二七年六月三〇日14)、対清交渉に大使を派遣する要なしと論じ(『大使を清国に派遣するの必要なし』二七年七月三日14)、朝鮮内政改革に兵力を用いる要あり「斯る頑民(朝鮮人民―著者註)を導て文明の門に入れんとするには、兵力を以て之に臨むの外、好手段あることなし」と論じたが(『兵力を用るの必要』二七年七月四日14)、このいずれの社説も、六月二三日、日本政府が独力で朝鮮内政改革にあたると清朝政府に通報し、仁川にいた混成旅団を京城に進駐させた積極的行動に一歩立ちおくれていた。

もしこの時期の朝鮮論に彼らしい特色を見出そうとすれば、武力行使の理由の説明に、万国相協力して文明化するという、古典的な文明化理論を復活させたことであった。地球の全面は人類の共有物であり、国家を分つのはその国土に生活する人民の安全を保つ方便であり、世界万国が有無相通じ長短相補うは、文明開化の恩沢に均霑するゆえんである。もしある一国民が鎖国を固執して、その世界の共有物を私するがごときあるにおいては、力をもってその国を開き、天然の約束に従わしめるのは、「世界の正理公道」を行なうためにやむをえざる手段だというのである。「畢竟彼の老大国(中国―著者註)も朝鮮と同様、鎖国自から守り、世界の共有物を私して、人類の幸福、文明の進歩を妨るものにこそあれば、世界の正理公道の為めには自から之に対するの処分なきを得ず」(『世界の共有物を私せしむ可らず』二七年七月七日14)。――かつては、万国平等、一視同仁を「正道」とみなし、その上でわれは「権道」をとるとして、わが国の独立の利をはかるべきだと主張したが、いまや「権道」の自覚も失われた。そしてわが国利を求めて弱小国の独立を蹂躙することが、現代文明の「正理公道」であるとした。その「公道」とは、文明主義の名において朝鮮武力行使を主張することである。民権においてすでに転換した福沢は、国権においてもここに転換の最後の手続を完了した。彼はいう、「抑も今回我日本政府が隣国の国事改革を謀るは、其国を日新の門に導き国民を無政無法の塗炭に救ふて文明の徳沢に浴せしめ、世界万国と共に天與の幸福を與にせしめんとするの義挙にして、俯仰天地に愧ぢず、欧米の諸強国とても竊に賛成の意を表して、正々堂々名義の正しきものなり」(『支那公使と支那兵の退去』二七年七月一七日14)と。かくて日清戦争は人と人、国と国の戦にあらず、文明と野蕃の戦である、「文明の義戦」であるという主張がなされるのである(『日清の戦争は文野の戦争なり』二七年七月二九日、『必ずしも北京の占領に限らず』二七年八月九日14)。

「正義」であり「義戦」であるとすれば、自国の利益のための侵略意図の一切の歯止めがなくなってしまう。朝鮮にたいし「独立国の体面を其儘に存するは姑く宜しとして、実際に之を征服したるものと見倣し」(『改革の勧告果して効を奏するや否や』二八年一月四日15)「主権云々は純然たる独立国に対する議論にして、朝鮮の如き場合には適用す可らず」(『朝鮮の改革に外国の意向を憚る勿れ』二八年一月五日15)と論じてはばからない。そして侵略行為は自利のためだ、世界の貿易区、いいかえれば帝国主義体制のためだと言い放つのである。「目下日本国の対韓策は義侠に非ず、自利の為めなり。帝国に自利のみならず、直に朝鮮国を利して、延ひて世界の貿易区を広くするものなり」(『義侠に非ず自利の為めなり』二八年三月一二日15)と。

福沢は勇躍戦争の支援に活躍した。軍資の義金募集計画を『時事新報』に発表し、三井八郎右衛門・岩崎久弥・渋沢栄一ら富豪を動員して計画実現に奔走し、『日本臣民の覚悟』と題する論文（二七年八月二八、二九日14）をかかげ、第一、官民共に政治上の恩讎を忘るる事、第二、日本臣民は事の終局に至るまで慎んで政府の政略を非難すべからざる事、第三、人民相互に報国の義を奨励しその挙を称賛し又銘々に自から堪忍すべきことと、挙国一致を力説これつとめた。彼は日清戦争をもって、自分一生の宿志が達成されたと感激した。郷里の友人山口廣江宛の書翰にこうのべている。――「実に今度の師（日清戦争―著者註）は空前の一大快事、人間寿命あればこそ此活劇を見聞致候義。小生抔壮年の時より洋学に入て随分苦しき目に逢ふたることもあり。世間の毀誉に拘はらず勝手次第に放言して古学者流の役に立たぬことを説き、立国の大本は唯西洋流の文明主義に在るのみと、長き歳月の間喋々して止まざるも、自から期する所はあれども、迚も生涯の中に実境に逢ふことはなかるべしと思ひしに、何ぞ料らん唯今眼前に此盛事を見て、今や隣国の支那・朝鮮も我文明の中に包羅せんとす。畢生の愉快、実以て望外の仕合に存候」（二八年一月18）――歓喜・満足の情は文面にあふれている。

たしかに日清戦争は、彼の時事評論の終着駅であった。文明主義の主張も、独立自尊の強調も、官民調和の論も、その究極の目的たる国権の確立によって実現され、わが使命は達成されたとみずから宣言したのである。その国権の確立とは、アジア近隣諸国を侵略する帝国主義列強の仲間入りをし、これによって治外法権撤廃の条約改正を行ない、対欧米平等への途を開くこととなったことであった。すでに二四、五年のころから、彼の論説は、内政に関するかぎり、前進の目標を失い、国民への説得力を欠いていた。日清戦争は、実質的に生命を失いかけていた彼の発言に宿願成就の終止符をうつ絶好の機会であった。まことに彼にとって、「望外の仕合」であったといわなければならない。

この後、彼は、海軍拡張を力説し、日英同盟論を説き、北清事変への出兵を論じたが、そのいずれも彼でなければならぬという内容のものではなかった。発言は彼の本領たる精彩をもつものではなかった。三一(一八九八)年九月脳溢血の大患にかかり、幸いに快癒してふたたび筆をとることとなったが、三四(一九〇一)年一月再発し、二月三日世を去った。享年六八歳であった。会葬者一万五千人が葬列に従い、盛儀をきわめたという。

Ⅷ　評価の問題点

日清戦争讃美をもって、福沢の一生涯の思想的努力の意義が一切失われたと考えることは、歴史的評価として、あるいは公正ではないのかもしれない。

彼に死をもたらす大患にかかる直前の、明治三一（一八九八）年三月の三田演説会で、「自分独りで自国ばかりが尊い、自国ばかりが大きなものとして威張って居ることは、何としても是れは事実に於て行はれない事である。此に於てか平等の大義、即ち彼我相対すれば全く同等であると云ふ大義が生じて来る。その平等の大義と云ふものは国交際の根本である」と演説して、「自尊他尊」の必要を説いた19。戦勝に酔う世論にたいし反省を求めたものであった。もとより「自尊他卑」の弊の原因をもっぱら古学主義・儒教主義に求め、それへの批判が中国・朝鮮への蔑視に結合するという論理構成を依然としてとっていたし、また忠君愛国を強調して国民の戦意をあふった彼の言論の責任にも例によってふれられていなかったが、国家間の「平等の大義」という彼の思想の原点をテコに、時代の大勢にたいする警世の言を公にしたことは看過することができない。

その翌月、交詢社大会で、『間違の進歩』16と題する演説をおこなった。「人間世界の進歩と云ふものは、ます〳〵事を多くしてます〳〵事を綿密にし、議論を喧しくして、さうして段々進めば進む程、間違ひが多くなる」「即ち間違ひがプログレスシーヴに段々出来て来る」といい、「ますます世の中の交際を恐ろしく綿密にし、議論を喧しくして、人の言ふことには一度や二度では承服しないやうに捏《こ》ね繰《く》り廻はして、さうして進歩の先陣となって世の中をデングリ返す工夫をすると、斯う云うことに皆さんも私も遣りたい。私は死ぬまでそれを遣る。貴方がたは命の長い話であるから、何卒して此人間世界、世界は率《い》ざ知らず、日本世界をもっとわい〳〵アヂテーションをさせて、さうして進歩するやうに致したいと思ふ。それが私の道楽、死ぬ迄の道楽、何卒皆さんも御同意下さる様に」と結んだ。平穏をのみ事とする秩序の擁護者に甘んじていたのではない。『文明論之概略』『民情一新』で語られた進歩の確信が生々と息づいており、六五歳の老人をして、アヂテーターを自負せしめたのである。まことにわが国に稀な生命の永い思想家であった。

福沢の晩年の思想をうかがうものに、二六〜二七年の執筆にかかる『福翁百話』6と、三〇〜三三年の筆にかかる『福翁百余話』6がある。

彼は西洋文明の学問専一を主張しつづける。「我輩は西洋文明の学問を脩め、之を折衷して漢学説に附会せんとする者に非ず。古来の学説を根柢より顚覆して更らに文明学の門を開かんと欲する者なり」（『福翁百話』三四話）。文明進歩の目的と確信をかく語る。――「文明進歩の目的は国民全体を平均して最大多数の最大幸福に在るのみならず、其幸福の性質をして次第に上進せしむるに在り。歴史百千年の前後を比較して此幸福の数果して増したるや減じたるや、幸福の性質上進したるや低落したるや、即ち是れ統計の数字に見る可き所にして、我輩は断じて其増進を明言して尚ほ未来の望を抱く者なり」（同上八六話）と。――またいう「今の世界の人類は開闢以来年尚ほ少《わか》くして、文明門の初歩、次第に前進する者にこそあれば、其経営中固より絶対の美を見る可らず」（同上一〇〇話）。言論の自由を説いて「文明進歩の程度を計るに其標準とす可きもの少なからざる中にも、言論の自由不自由は恰も人文の進退を表はすの信号とも名く可きものにして、其束縛を弛めて次第に自由に移るは紛れもなき文明の進歩として見る可し」（同上六二話）と道破する。

天皇制についても冷静な歴史的判断を曇らせてはいない。「今の文明国に君主を戴くは、国民の智愚を平均して其標準尚ほ未だ高からざるが故なり。其政治上の安心尚ほ低くして公心集合の点を無形の間に観ずること能はざるが故なり。彼の政客輩が一向に共和説を唱ふるは、身躬から多数の愚民と雑居して共に其愚を与にするの事実を忘れたるが故なりと、断言して憚らざる者なり」（同上九四話）。君主と国家の成立についても「浮世の実際に於て其政府の創立起源を尋るときは、多くは腕力を以てしたるものにして、創立者の心事如何に論なく、国民の眼を以て見れば自から横奪の姿あるが故に、其外面を装ふが為めに種々の手段を施し、或は君主の盛徳を頌し、或は天與天助等の語を用ひて、兎に角に一国に君臨する者は、一種の神霊として自家の尊厳を維持す」（同上九四話）と、君主の神格化を批判した。啓蒙思想家として最後まで健在であったということができよう。

いったい福沢の思想の基本は、三十余年の思想的営為の全過程を通じて変わらなかったと解すべきか、変化したと評価すべきかについては、Iにのべたように研究者の間で意見は分かれている。羽仁氏は、一時的に逸脱挫折はあったとはいえ、その自由主義者・民主主義者としての本領は、一定の限界をもちながらも一貫していたと見ている（『白石・諭吉』）。安川寿之輔氏は「思想家としての福沢諭吉の全体像を、後進国日本のブルジョアイデオローグと評価し、政治的役割においては、基本的に明治絶対主義（政府）の『開明派』を支持する立場にあった」と見て、「福沢の思想の生涯に基本的な変化があったとは把握しない。変化したのは、あくまで福沢をとりまく明治日本の政治的・経済的社会環境であり、この社会状況によって、福沢のはたす政治的・社会的役割は当然変化するが、福沢の思想そのものは、のちに考察するかれの生涯の『大本願』の道を一筋に進んだのである」と明確に不変を主張した（「福沢諭吉の教育思想」㈠『社会科学論集』第一号）。

これにたいし変化説をとるのは、つぎの諸氏である。丸山真男氏は、民主主義思想としての性格についてはかならずしも変化の時期をはっきりさせていないが、国際政治論に関して一一年の『通俗国権論』以後、論理自体の変化があったと論じた（『福沢諭吉選集』第四巻解題）。服部之総氏は、絶対主義思想家としての戦略上の変化はなく、変化の認められるのは戦術上だけだとの見地から、明治五、六年までの前半期と、それ以後の後半期に分けることができるとした（『文明開化』『服部之総著作集』第六巻）。ひろた・まさき氏は、この服部説をうけて、「民撰議院論争のはじまる明治七年一月、この時点は、日本啓蒙主義凋落の始点であり、したがって福沢の変貌の始点でもあった」とし、一四年の『時事小言』で「決定的凋落」に入ったと論じた（「日本啓蒙主義の凋落」『史林』昭和三九年六号）。家永三郎氏は、初期は絶対主義に傾斜しているが、のちには純粋な英米流の新興資本主義イデオローグとしての本領を発揮したとし、その時期分けを、二〇年前後においている（「福沢諭吉の人と思想」『現代日本思想史大系』二）。変化の内容、変化の時点については、まさに各人各様に意見は分かれているのだが。

私は従来福沢の進歩的立場は一三年に挫折したと説いた（「日本国民抵抗の精神」『世界』六二号）。この年神奈川県九郡人民総代の国会開設建白書を代筆して実際運動にかかわり、その体験をふまえて年末から『時事小言』の執筆にかかるその意図に着目したからである。しかし本書では、一四年の政変で大きなショックをうけその渦中で前記の書を公刊した、この年をもって、変化の画期と考えたい。

福沢の啓蒙・著述の究極目標が、「如何でもして国民一般を文明開化の門に入れて、此日本国を兵力の強い商売の繁昌する大国にして見たい」という「大本願」にあり（『福翁自伝』7）、これは『学問のすゝめ』から最終著作に至るまで変わらなかったことは、安川氏が指摘するとおりである。独立自尊の標榜にしても、「実学」の奨励にしても、文明開進の西洋主義の主張と儒教主義の排斥にしても、それが最後までくりかえし説かれていたことは明らかである。しばしば挫折の象徴とされる官民調和論にしても、権力偏重を批判し独立自尊を主張する持論といかに内面的にむすびついていたかは、丸山氏の明快に論じたところである。個々の論点をとり出せば、情況のちがいにかかわらず、変わらなかったということができるかもしれない。彼自身も、自分の思想の一貫性を強く主張していた。彼は学者の任務を病状診断にたとえたことは前述した。日本の政治・社会の病状の変化にしたがって、診断書の内容は異なってくることはいうまでもないが、はたして診断にあたる原理と姿勢そのものが変わったのかどうかを、診断書たる著作から私たちが判定することは容易ではないのである。加うるに彼の論述には「当り障りのないことをいうに甘んぜず、しばしば求めて当り障りの強いことをいい、いわば曲った弓を矯めるため、常にこれを反対の方向に曲げることを厭わぬ」という傾向が強く(小泉信三『福沢諭吉』)、これがまた彼の立論の魅力となっているのであるが、ここから当然生まれる「誇張」や「偏説」にとらわれ、これを挫折・変説の根拠としてしまいかねないのである。私は、こうした点を考慮に入れた上で、なおかつ彼の思想の性格と役割とは変わったと結論したいのである。

思想の変化とは、価値判断と論理構成およびその基礎にある姿勢＝政治的・社会的立場の変化である。私は、福沢がいかなる政治的・社会的立場に立ち、主として誰に向かって、何を訴えようとしたかを基軸に、彼の思想の性格とその変化を追求しようと試みた。

福沢は、学者――彼の立場――と、政治家との任務のちがいを常にくりかえし説いてきた。学者の議論は、現在其時にあっては功用少なく、多くは後日の利害にかかわるものだ(『人の説を咎むべからざるの論』)、学者は病状を示すことで、治療は政治家の任務だ(『文明論之概略』)とのべた(六三・八九ページ参照)。また「学者(政治を論ずる学者―著者註)も政治家も等しく政治学部内の人物にして、等しく政治の進歩を願ふ者なれば、其所論固より一国の政事に及ぶ可きは当然のことにして毫も怪しむに足らず。唯其相異なる所は、一は局外に身を安んじて断じて事を執るの念なく、一は現に局に当り又其局に当るを以て畢生の心事とするの点にあるのみ」(『学者と政治家との区分』一六年一一月9)とのべた。そして政治を論ずることと、政治を行なうこととの区別が明らかでないのは、道徳と政治の混淆した儒教的政治観によるものだと説き、漢学者が官途に地位を求めるに汲々としたことを非難した。そこから、彼が政治にたずさわる意志は、旧幕時代以来なかったという弁明を、『福翁自伝』で強調したこと、これまた前述したとおりである(一九ページ参照)。

しかしこの区別が彼の現実の言動において、誤りなく処理されたということはできない。『福翁自伝』の記述は、事実にあわず、政治に直接関与しようとしたことが一再ならずあったことは既述した。たとえば明治一七年の甲申事変のクーデター計画に福沢は積極的に参加したが(一八八ページ)、この点につき、彼の意をうけて朝鮮で活動した門下生井上角五郎は「先生は常に、余は作者で筋書を作るのみである。其筋書が舞台に演ぜらるゝのを見るときは、愉快に堪へないけれども、其役者の如きは誰でも構はず、又これがために自分の名利を望むの念などは毛頭ないといはれてゐたが、金・朴の一挙(甲申事変—著者註)に就ては、先生は啻に其筋書の作者たるに止まらず、自から進んで役者を選び役者を教へ、又道具その他万端を差図せられた事実がある」と語った(石河幹明『福沢諭吉伝』第三巻)。権力とむすんで政治の筋書を書くことが、学者の任務の範囲内かどうかにも疑問はあるが、それをこえて役者に教え道具をそろえるという政治関与をした事例は、このときだけではなく、征長の役建白書や一四年政変前の政府新聞発行計画の引受けでも、その意図は見られた。

彼の主張する「実学」が「世上に実のなき文学」を排し、一身独立、一家独立、一国独立にかかわるものであることを主張する以上、政治にかかわり政治にはたらきかけようとしたのは当然であった。しかし同時に、旧幕時代の学問・教育が権力に従属し、人を治める為政者のために存在していたことを批判し、人民の生産・生活に役立つべき学問・教育を主張していた。学問のあり方についてのこの二つの主張から、学問・教育の自由と独立を重んぜよという思想が出てくるのである。彼は学者が官に入らず在野の立場を守るべきこと、学問・教育の主流を私立学校のそれにおき、国家権力の干渉を排することを論じたゆえんであった。たしかに学者在野論、教育独立論は、彼の思想の初志を貫くことができるかどうかを決定するかなめの位置を占めていた。

しかし福沢は、権力とのかかわりあいに必ずしも禁欲的ではなかった。思想家としての生涯の出発から権力と密接な関係にあった。廃藩置県以後の明治政府の文明開化政策を支持し、その力に頼って自分の理想の実現を期し、みずからも「明治政府のお師匠様」をもって任じた。彼は政府の施策に不満――といっても基本方向に反対であったのではなく、もっと文明化に邁進せよという激励であったが――を表明していたが、学制にせよ、地方議会開設にせよ、壬午・甲申事変にせよ、彼の言論が政府の政策に反映したと考えられる場合は少なくないのである。「日本が旧物破壊・新物輸入の大活劇を演じたるは即ち開国四十年のことにして、其間の筋書と為り台帳と為り、全国民をして自由改進の舞台に新様の舞を舞はしめたるもの多き中に就て、余が著訳書も亦自から其一部分を占めたりと云ふも敢て疚しからず、余の放言して憚からざる所なり」（『福沢全集緒言』1）と、主張の実現に満足の意を表明したのは、三〇（一八九七）年のことであるが、大筋でいえば、権力の志向と彼の発言とは方向を同じくしていた。

福沢は明治政府に対立する立場に立ったことは一度もなかった。否、明治政府の開化政策、資本主義化政策、軍備拡充政策、朝鮮・中国侵略政策を積極的に支持したイデオローグであった。そのかぎりで、彼の立場は基本的には変化はなかったし、その歴史的評価にも意見の分かれることはないのである。それにもかかわらず、その発言が国民の思想形成にもった役割には、尋常の権力支持とは異なるものがあるのではないか、その役割が時とともに変化したのではないかという問題が依然として存在すると考える。

彼は、人民が自主的な立場から明治政府の開進政策と対外政策に協力する、そのような独立の気象をもつネーションたらしむべく、人民の啓蒙にこれつとめた。この目標は明治初年の現実の国民的課題であっただけに、その発言は知識人によって熱烈に支持された。そもそも絶対主義権力への自主的協力が国民的課題となるということは、西ヨーロッパの古典的絶対主義国家の場合ありえないことであった。彼の国々の場合、廃藩置県・秩禄処分といった封土・俸禄制度の撤廃はありえなかったし、四民平等を立て前とする学校教育制度も、国民からの徴兵軍隊制度もなかったし、立憲制創始の意図もあるはずはなかった。そのいずれもが絶対主義権力の倒されるブルジョア革命によってはじめて実現したことである。そうしたブルジョア的改革をみずからの手で遂行することを不可避の課題とした明治維新は、世界史的にはきわめて特異な絶対主義の生誕であった。その特異な性格を典型的に代表した思想家が福沢であった。

明治政府は在来の領主権力が拡大強化・変容したものではなかった。幕府権力は倒れ、これに代わったものは雄藩連合政権ではなかった。その形態をとったのも束の間、雄藩々士を中心とする改革派武士が新しくかつぎ出した天皇の官吏として明治中央政府を構成した。幕府を倒しこの新しい権力を作ったものは、一応薩・長・土・肥の藩権力を利用したものの、それを押しすすめのりこえたのは全国有志の士の力といってもよいものであった。天皇制権力は、封建権力の統一という側面と同時に、封建支配者内部の「下」からの力によって創出されたという側面をもっていた。福沢が、維新政府を、国民一般の智力、人民の力によって作られた権力と見たのも、この側面を重視したからである。古い身分制支配秩序は崩壊し、それに代わる支配秩序がまだ出来あがっていなかったのが、明治五〜七年、『学問のすゝめ』『文明論之概略』の執筆されたときであった。どう作るかはこれからの課題であった。天皇制官僚も、その基盤をなす下級士族も、自主的に新しい秩序を創設する力を欠いていた。政治制度・財政制度・産業制度も、教育制度・軍事制度も、新設のモデルは、ブルジョア革命・産業革命を経過した欧米の国々の既成のそれに求められた。『福沢全集緒言』は、『西洋事情』がなぜかくも日本全社会を風靡したかについて、維新の事の経営にたずさわる有志者が、鎖国攘夷の愚は知ったが、さりとて開国文明に入るに拠り所をえず、当惑していたところ、この書を見、これこそ文明の計画に好材料なれととびついたとのべ、『西洋事情』は鳥なき里のこうもり、『無学社会の指南』として、維新政府の新政令もこの小冊子より出たものがあると記した。まさにこうした条件の存在が、福沢をして天皇制権力の利用に大胆たらしめたのであった。

欧米資本主義社会の思想が、古い幕藩制秩序を破壊する武器として、また明治国家建設の指針を示すものとして、その本来もつ革新的な主張においてすなおに受けとられたのが、維新当時の特色であった。資本主義社会が形成され成熟されるにしたがって、ブルジョア自由主義思想は革新的な主張がぬき去られ、封建思想と妥協抱合せしめられる度合が強まったのである。洋書から学び知った欧米の自然科学・社会科学の知識が自分の思想の骨格であり原理原則であることができたし、日本も歴史発展の法則により欧米社会のごとくなるにちがいないと信じて疑わなかったのが、福沢だけではなく、この時期の洋学者=啓蒙者の共通した姿勢であった。しかしとくに福沢にあっては、文明開進の学の先導者としての自覚が強かっただけに、その原理原則への確信は晩年にいたるまで比較的保持されていた。もとより欧米諸国の経過した歴史過程が「丸出し」に日本にも実現するとは考えておらず、そうした西洋至上主義、西洋心酔論者に批判を加えていたことは前述した(一〇二ページ参照)。彼が原理原則をのべた次に必ずといって良いほど、「然りと雖も」とそれに限定修正を加えたのも、日本のおかれた現実、その中で選択せざるをえない限界の存在を重視していたからである。そして現実の分厚い壁の前に、原理原則の主張と確信とは年とともに後退せざるをえなかったが、それでもなお原理をすべての領域にわたっていっせいに変更ないし撤廃することはなかった。後退変説はなしくずし的に行なわれた。彼の発言が、政治・教育・経済だけでなく、婦人論をふくむ広汎な人間関係にわたっていたことも、彼に幸いした。国内政治論が後退し精彩を失い、国権論が原則をこえて優位をしめた一六(一八八三)年以降、儒教的道徳教育の復活を批判する教育論が活溌におこなわれ、これと雁行して婦人論・男女道徳論の主著が一八(一八八五)年以後つぎつぎと出て、二〇(一八八七)年以降に教育論が後退した時期、彼が最初の大患から回復した直後の三二(一八九九)年にも、『女大学評論・新女大学』6を出して、その健在ぶりを世人にあらためて認識させた。この書にいう「右に論ずる所、道理は則ち道理なれども、一方より見れば今日女権の拡張は恰も社会の秩序を紊乱するものにして遽に賛成するを得ずとて、躊躇する者もあらんかなれども、凡そ時弊を矯正するには社会に多少の波瀾なきを得ず、其波瀾を掛念とならば、黙して弊事に安んずるの外なし(中略)。今婦人をして婦人に至当なる権利を主張せしめ、以て男女対等の秩序を成すは、旧幕府の門閥制度を廃して立憲政体の明治政府を作りたるが如し。政治に於て此大事を断行しながら人事には断行す可らざるか、我輩は其理由を見るに苦しむものなり」と。官尊民卑の打破について、立憲政治の政党政治への発展について、自信と意欲とを減退しつつあった当年の彼に、なお改革者としての意気込みを回復せしめたものは、婦人論であったということができよう。思想的生命の永きを維持できた理由の一つは、ここにあった。

彼のもろもろの発言の究極目標は、彼の原理からする、あるべき近代国民を創出することであった。彼は「大本願」を、欧米から不平等条約を強制された小国の地位から脱け出て「兵力の強い商売の繁昌する大国」となることにおき、学者としての任務は、この「大国」への発展を担う国民を、教育をとおして育成することにあるとした。この場合、古来からの「権力偏重」の伝統の中で、「政府ありてネーションなし」という現実から出発せねばならなかったという事実を看過することはできない。後日から回顧すれば「衣食こそ智力の発生活用の本なるに、其本を問はずして却て末を論じ、智あれば衣食こゝに至る可しとて、人の無教育を咎むるは、因果の順序を顚倒して無理を責るものと云ふ可し」(『貧富論』一四年四月二七日〜五月二一日13)という「無理」をおかしてまで、「今日の土百姓も明日は参議と為る可し、去年の大輔今年は町人なり(中略)。富貴の門に門はなきものぞ。門もなき其門へ這入ることを得ざる者は、必ず手前の無学文盲と云ふ門ありて自から貧乏の門を鎖し、自分勝手にて娑婆の地獄に安んずるなり」と熱烈によびかけて(『農に告るの文』七年二月19)、民衆が解放される一切の鍵が勉学にあるかに説いたことは、ブルジョア的転化の経済的政治的条件の成熟をまつ余裕なく、絶対主義権力によって上からのブルジョア的改革を行なわざるをえなかった矛盾を反映していたとすべきだろう(前掲安川論文参照)。だからといって、人間は本来平等なりと強調した発言をもって、虚偽の幻想を国民にあたえたものと評することは歴史的ではない。

明治政府が文明開化政策をとりはじめ、しかも針路のモデルを探し求めていた好機をつかまえ、その上からの改革が必然的にもつ欠陥——福沢のいわゆる皮相・外形だけの文明化、文明の精神たる国民の独立自由の精神を失わせる文明化——を批判しつつ、それを国民にとっての主体的進歩たらしめる途をひたすらに追い求めた意図の歴史的意義を抹殺することはできない。国民の自然的成長を待つ余裕がなく一刻も早く無から有を生ぜしめなければならなかった焦慮——独立の危機感の切迫——のなかで、彼が努力をはらったのは、まず人民の指導者たるべき知識人の育成であり、そして民が活動し独立自尊の精神を育てることのできる場、彼の後日の概念をもってすれば、「治権」「私権」の範囲を確保することであった。もし早急にこれを実現しなければ、人民の一切の活動が官の庇護・指示なしには行なえない事態となるであろうと憂慮した。このあせりが、政府の開進政策への協力の主張となり、士族の精神の維持論となったのは、西欧的近代市民社会を上から設定しようとする矛盾的な意図にもとづくことであった。

いったい絶対主義のもとでのブルジョア的改革が成功する理論的・現実的可能性があったのだろうか。結果的にいえば、国民の私生活の自由を一切みとめぬことを立て前とする天皇制国家が確立するのを阻止できなかったし、福沢もまた客観的にはその実現に奉仕せしめられてしまった。自由民権運動の理論的指導者であった中江兆民が、「恩賜的民権」（支配者から恩恵として与えられた民権）と「恢復的民権」（人民みずからの力で獲得した民権）との区別があると説き、後者のみが真の民権だとしながらも、恩賜的の民権をえて、ただちにこれを変じて恢復的の民権としようと欲するのは、事理の順序でないとした。そしてたとえ恩賜的民権の量がどんなに少なくとも、われら人民はよく護持し珍重し、道徳の元気と学術の滋液をもって養うときは、しだいに大きくなり、恢復的民権と肩を並べるように進化するものだ、これがわが国民のとるべき現実的な進歩の道だと論じたのは、二〇(一八八七)年刊の『三酔人経綸問答』であった。上からの改革を人民の主体的努力で、人民にとって意義あらしめるように発展させるべきだとする論旨の大本は共通していた。もとより両者の間には、時点も異なるし、政治的立場も大いにちがっていたが、上からのブルジョア的改革——漸進主義の途——が福沢の頭脳の中にえがかれた幻想ないし人民を籠絡するための虚偽の言にすぎなかったのではないという証拠にはなるであろう。

漸進主義の主張が貫きうるとすれば、それは急進主義の主張に併行し、相互批判と相互協力との関係を作ることとである。しかし福沢は、この時期の急進主義を代表する自由民権運動には、終始一貫つよい批判と反感をもっていた。専制政府打倒にのみ専念する自由民権派の政治意識に、藩閥政府と揆を一にする権力偏重、政治万能の志向をみとめていたからである。前記中江の著書の中でも、急進民権派の中に「好新元素」とともに「恋旧元素」の存在をみるという見解をとりあげている。後者は「自由を認めて豪縦不覊の行と為し、平等を認めて鏟刈破滅の業(乱暴に破壊する行為という意味—著者註)と為し、悲憤慷慨して自ら喜」ぶ気風であると指摘した。況んや福沢が実見して最初の印象をつくった自由民権派は、「恋旧元素」がいっそうつよい士族民権派であった。この「恋旧元素」をとりのぞく方法を、福沢は自由民権運動がいよいよ民衆の中に組織を発展し闘争を大衆的急進的たらしめることに期待せず、むしろその逆に政府の英断による立憲制の創設、それを実現するための官民の協力に求めた。権力にたいする自主の志向をもつ漸進主義は、破産の第一歩をふみ出した。それは明治政府の改革改策が、人民の進歩に意味をもつという可能性が失われてしまったことのあらわれであった。

「官民調和論」は、『時事小言』を契機に、アジアへの侵略を含意する「外競」とならんで、彼の思想の主軸となった。このことが思想構造の変化を示す指標であったと私は考える。しかしそうした主張の萌芽は、このときにはじめて生まれたのではなく、最初からあったことである。慶応二(一八六六)年刊の『西洋事情初編』1には、文明の政の典型としてのイギリス立憲制を紹介し、「其政治の景況恰も精巧なる器械の如く一体の内自から調和の妙機あり、若し外より強暴を以て之を圧する歟、或は内より互に不和を生じて離散する等のことなくば、此政治は天地と共に永久すべし」と述べた(巻之三)。かくてわが国が独立を失わぬかぎり、また官と民、とくに民の指導者たる学者・士族との間の不和が生ぜぬかぎり、文明の政は、歴史法則的必然においてわが国にも実現すると判断したのである。すでに欧米諸国はブルジョア革命を経過して歳月を積んでいた。できあがったものを、どう守り伸ばしてゆくかについての「欧羅巴政学家」の説を、無から有を生ぜしめるわが国の場合の典拠とせざるをえなかった、それ以外の指針を見出すことができなかったところに、一九世紀半ばという世界史的条件が彼の思想に課した限界があった。その上に『民情一新』で見られたように、帝国主義段階前夜の資本主義の矛盾——労働者階級の成長とその革命運動の擡頭――およびその矛盾に直面して欧米強国が混迷苦悩していることを知っていた。かくて民の人権がまだ樹立されていないときに、早くも民の力が強大にすぎ、急進にすぎることを憂えることとなった。こうして改革を現実に実現するための漸進という初心の主張は、急進を回避させるための漸進という主張に変わった。

上からのブルジョア的改革論が決定的に破産するのは、下からの変革運動が国民的基盤を獲得する方向をとりはじめたことに反対する立場に立つことによってであった。「恩賜的民権」を発展させるものを、民の力に求めなくなったときである。私はその画期を一四(一八八一)年に見ることは前述した。変化の根源は、権力との関係における立場の変化である。明治政府の開明政策への協力という姿勢は、四(一八七一)年以降一貫していた。しかしそれは民の立場をきずこうとする意欲、あるいは民の指導者としてのミッドル・クラスの立場に立とうとする姿勢を保持した上でのことであった。ところが一二、一三年の権力への接近は、慶応義塾存続のためのやむをえぬ事情からとはいえ、彼がこれまで官の干渉を許さぬ私権の範囲とした学校経営と新聞発行に官の保護を求め官の依頼に応じたことであった。いわば官に協力しつつ官にたいし批判しえた唯一つの拠点を失ったことであった。民の立場をきずき民の権の領域を設定するという第一の任務を放棄したからである。

一四年の政変以後の彼の活動の舞台となった『時事新報』は、官にも偏せず民にも偏せぬ不偏

不党を標榜した。しかし社説のほとんどに共通することは、自由民権運動を批判し非難すること

と、政府が官民調和のイニシアティブをとるべきことの説得・忠告という姿勢であった。官民調

和論は、改革の前進のためのものではなく、国会開設の期日が一〇年後ときまった以上、国内政

治での改革の課題はもはやなくなったという前提の上で、治安の乱れを防ぐためのものであった。

まず教育の普及、それを基盤に政治の民主化と経済の資本主義化を実現しようとする構想は崩れた。教育の発達が青少年の政治への関心の過熱をもたらすことを心配した。また彼は殖産興業の道がはなはだ遅々で、文明の学を修めた学者もこれを実地に施すことはできないと歎く。そして教育と人事は不釣合で、世間の事業に比し教育は進歩しすぎたと述べ、西洋文明の教育を受けた人物の海外輸出を奨励した(『坐して窮する勿れ』一七年四月19)。また貧富のへだたりの増大について、「国民の貧富懸隔して苦楽相反するの不幸あるも瞑目して之を忍び、富豪の大なる者をして益々大ならしめ、以て対外の商戦に備へて不覚を取らざるの工夫こそ今日の急務」と説いた。この『貧富論』13がその結論部分にあたる節を「宗教を奨励して人の心を緩和し、教育の過度を節して空腹論者を其未だ生ぜざるに予防す可し」と題したことは、象徴的であった。「小民の軽挙を防ぐに」宗教を奨励し、「財産の安寧を維持する一法」として「人の貧富と教育の高低とを平均して貧者の教育を高尚に過ぐることなからし」めよというのである。もはや小民の知的啓蒙の

意欲はまったく失われた。「教育を盛にして富源を開く可しとは、事物の因果を転倒したるものと云はざるを得ず」（『貧富知愚の説』一二年三月六・七日12）。国を富強たらしめるのは、教育ではなく、海外進出なのである。このときすでに彼の思想の骨格が入れ替わっていたことは明らかである。

国権重視の思想は、すでに『文明論之概略』にあらわれていた。この書について、丸山氏は、個人間の関係でも国際社会においてもともに道理が支配しているという自然法の思想から、両者の規範の同質性を否定するレーゾン・デター（国家理性）の立場への過渡を表現していたと見た。露骨な力の国際政治論を主張した『通俗国権論』は、その量的拡大だと理解することができる。しかしなおこの時期までは、欧米諸国にたいする平等独立を意味する国権論であった。ところが『時事小言』を経て一五年一二月の『東洋政略果して如何せん』となると、西洋列強の侵略にたいしアジアを防衛する意図から、朝鮮・中国への「開化」の強制という名における侵略の主張へと急速に変わることとなった。彼は国内政治論でも政府を先導したが、それ以上に、朝鮮・中国侵略論では、政府の方針に先んじ、これを激励鼓舞した。なぜアジア政策論で、これほど侵略的であったかは、彼の思想の本質を明らかにする上で、重要な鍵を提供するものである。

福沢が朝鮮・中国侵略論において、先駆者でありえた理由を、私は次のように考える。

(1) 彼は国際情勢の認識についてきわめて敏感であった。幕末に幕府の外交機関にあり洋学者であったことが、彼をこの面での先覚者をもって自任させた。とくに一八八〇年代後半から顕著になる欧米列強の東アジア侵略の本格化および朝鮮・中国が列強対立の焦点となろうとする情勢をいち早く察知し焦慮していた。

(2)　日本の進路の範とした欧米列強の国際政治のあり方を当然視した。文明が順次段階を追って発達すると見る彼の歴史観からすれば、日本が今日文明化するためには、欧米列強の歩んだ富強の道、弱小国侵略の途を日本がたどることを疑わなかった。

(3)　幕末には、攘夷に反対し開国を主張するという政治的立場から、欧米諸国が直接わが国を侵略するという危機感の主張はおさえられた。欧米への対抗の強調が、攘夷主義＝儒教主義の復活をもたらすことを危惧したからである。維新以後の対欧米平等の主張も、もっぱら商業・貿易の戦として説かれた。

(4)　朝鮮・中国への蔑視は、儒教主義に反対し、西洋主義を主張することに関連して、当初から強かった。朝鮮・中国が儒教主義の下で停滞していると理解し、これをわが幕末の情態になぞらえることによって、両国民衆への同情と憐憫の念をもった。この憐憫の念が両国の文明化にたいする指導者的意識に転ずるのは、きわめて容易であった。

(5)　指導者的意識から、無慈悲な侵略意欲への転化に割りきることができたのは、彼の思想にもともとあった外事優先の主張と、帝国主義段階に急速に接近した世界史の動向の規制とにもとづくことであった。結局国際政治においては、理（文明）のみならず、力と利とが支配するという認識が、対アジア政策に同情は一切無用という『脱亜論』を主張せしめた。同情憐憫をいち早く卒業して指導者的意識たらしめ、それを侵略論に転化せしめたテンポの早さは、文明主義＝富強主義＝帝国主義ととらえることで、帝国主義を肯定する思想動向の特質に由来することであった。

(6) 朝鮮・中国の自主的な文明化の可能性にたいする絶望の表明は、自国の文明化の達成への自足の念と裏腹であった。国内で改革目標を喪失し、筋書を作れなくなった不満の吐け口が、朝鮮の文明化の筋書作り、役者えらびの冒険主義的行動に逸脱させた。官民調和のために必要とされた愛国心の昂揚の場は、朝鮮の支配、中国との抗争を目的として設定する他に現実にはなかった。

(7) 侵略＝強兵の主張と、文明主義・資本主義の主張とは、相互に支えあうことで積極化された。近代軍備の充実こそ、野蕃を追放するという。「砲銃・船艦・鉄壁・雷火、百般の機械を以て人の武勇を制し、獣力の働きを遅くすることを許さず、勝敗の分るゝ所は機械の奇巧と其運用の妙とに在て存す」（『国を富強するは貿易を盛大にするに在り』一七年一月一六日9）。またいう、西洋の文明は正に銭の世の中、政府人為の官爵のみを尊ぶ弊を打破し銭を重んずるは、殖産＝強兵のもと、「在昔日本国人が武を尚びたるが故に日本は武国と為りたり。今や国を立るには唯武の一偏に依頼す可らず、銭も亦甚だ大切なるのみか、銭即ち武の本とも云ふ可き時節なれば、此時に当ては大に銭を尚びて、日本を銭の国と為すこと最も切要なる可し」と（『日本をして銭の国たらしむるに法あり』一八年五月二日10）。

一四年以降の後期において、福沢の思想の中軸は、朝鮮・中国の侵略の実行にすえられていた。官民調和論さえ、議会開設後その自信が失われるに従って、軸心たる位置から退きつつあった。私は彼の日清戦争讃美をもって、その思想の意義がまったく失われたと考えることは公正ではないのかもしれないとのべた（二四一ページ）。たしかに個別の論点では、晩年にいたるまで健在を思わしめるものがあった。しかし彼のもろもろの主張の究極目標、思想の中軸たるべき課題の実現が日清戦争の勝利によって成功したと宣言した以上、思想総体のもつ批判の力、すなわち思想の存在理由が失われたと、やはり見るほかはない。福沢の思想がもった歴史的使命は、日清戦争をもって終わったのである。

竹越三叉（與三郎）の『新日本史』（二五年）は、思想界の福沢の出現について、「凡そ数百年来抑圧拘制せられたる人心を解放して、自由ならしめんには必らず先づ現在の事物を疑ひ現在の秩序を破壊せざるべからず。懐疑家が飛揚跋扈するの時代は実に此にあり。而して当時の福沢は実に此破壊家なりき。（中略）福沢等の議論出るや、一片社会的新革命の大宣言となり、時世一変の端此に開けり」と、その思想の変革性に最大の評価をあたえた。これと異なる評価を下したのは、国民主義を主張した陸羯南である。すなわち維新以来の政治思想の動向を分析した『近時政論考』(明治二四年刊)で、福沢を、「士族の世禄を排斥し、工農の権利を主張し、君臣の関係を駁し、四民の平等を唱へ、主として経済上の進歩を急務とした」国富論派の中心と規定した。私が注目したいのは、「社交上の論旨」では、利己主義・自由主義・男女同権論を唱え、「此等の点に付ては福沢氏一派の論者実に最も急激なる革新論者たり。然れども、政治上に於ては夫の国権論派に比すれば、却て保守主義に傾きたるも亦奇ならずや」と論述したことである。国権論派とは、加藤弘之・箕作麟祥・津田真道らをさすので、加藤らに比して福沢が保守主義だという評価には賛成できないが、社会関係についての論旨の革新的なるに比較し、政治上は保守的であったという指摘は、福沢の思想の特色の一面をよくついた言であった。

『文明論之概略』とそれ以前の初期の著作に、彼の思想の本領があると見るものは、竹越の評のように、封建制批判の役割に大きな評価をあたえるのである。これにたいし、その後の時期の言論活動に注意をはらうものは、陸の指摘のように、保守的な立場と評価し、その革新性を否定するのである。この二つの見解は、ともにあたっている。しかし福沢の著作が、今日国民の貴重な古典として生命をもっていることの理由は、そうした評価だけからは解きあかすことはできない。

明治維新が実現した政治改革とそれを土台とする近代化とが、天皇制絶対主義の確立および日本帝国主義の形成に帰着したのは、帝国主義段階前夜の世界史的条件に規制されてのことであった。福沢も結局はその枠組からのがれることはできなかった。しかしそれに安んじていたのではなかった。その枠組をひろげるべく努力し、異なる歴史発展の可能性を作りだすべく模索し苦闘したのが、福沢の思想の歴史的意義であった。その前進的役割は、明治八、九年までのわずか数年間の薄命でしかなく、あとの二十数年間は、挫折し後退する過程であった。しかも初期の奮闘のみならず、後期の敗退の歩みさえも、七〇年後の私たちの胸をうつ何物かを含んでいるとすれば、彼の構築した民主主義・自由主義の思想と民族独立の思想とが、今日なお国民にとっての意義を失っていないこと、なかんずくその思想が日本の現実の土壌の上に育ち発展することをさまたげた内外条件、すなわち天皇制と帝国主義の問題が、解決ずみの過去のものとなってしまっているのではないことによるのである。

福沢の著作を今日もなお生命あらしめたものは、天皇制と帝国主義とにたいする国民の自覚であったと、私は考える。彼は近代民主主義者ではなかった。アジアの諸民族の平等と独立との主張者ではなかった。この点の指摘をあいまいにすることはできない。しかし彼の著作は、本人の意図をこえた役割を、当時にあっても、後代にたいしてもはたした。それは、第一には、彼の思想総体がもつ役割は後退しながらも、独立自尊の主張、官尊民卑の批判、学問・教育の独立の提唱をうむことなくくりかえしたねばり強さ、敗退しつつふみとどまり、ふみとどまることで初志の面目をよみがえらせた奮闘によることである。第二には、その自由・平等・独立を説く言論の実質的内容がいかに改革性を失ったものとなろうとも、自由・平等の言葉を口にし、官尊を非難する文字を書くことだけで、体制にたいし批判的な響きをもったという、天皇制の根ぶかく反動的な体質によることであった。政治性のもっとももうすい男尊女卑批判も、天皇制秩序にとって危険な要素をもつものとして、権力側からは受けとられたのである。陸の福沢観に即していえば、政治上に保守的でありながら、社交上で改革者であることによって、彼の発言は、彼の主観的意図をこえて、政治的にも改革的なものとしての役割を担わせられたといえよう。そしてこのことが、晩年にいたるまで彼を激励して、批判者・改革者の姿勢をいくたびか立ちなおらせる力となったのである。

国民もまた彼の著作から、生かすべき思想を汲みとった。彼の論述の特徴は、二様の読み方ができることにあった。どちらの読み方をどこまで発展できたかは、国民の権力批判の自覚によってきまることであった。福沢の在生中に出た最初の全集に次ぐ第二回の全集が、第二次憲政擁護運動が勝利し、はじめての本格的な政党内閣が成立した翌年の大正一四(一九二五)年に刊行されたこと、その編修の責任にあたった『時事新報』の主筆石河幹明をはじめ慶応義塾出の新聞人が、大正元(一九一二)年の第一次憲政擁護運動の推進力の一つである憲政擁護会の中心メンバーであったということは、福沢の思想と国民との関係を語る象徴的な事実であった。福沢の思想は、大正デモクラシー運動の中で、国民によって読みかえされた。そしてまた昭和のファシズムにたいする抵抗の中で、生きかえらされてきたのであった。福沢の著作を国民の古典たらしめたものは、自由・平等・独立への国民の自覚にもとづく読みかえ、彼の実体をこえた読みこみの力であったと、私は結論したいのである。

福沢諭吉年譜

（経歴欄事項の下のカッコ内和数字は、本文掲載のページ数である）

年号	西暦	福沢の経歴	内外の情勢
天保五	一八三四	一二月一二日大阪中津藩蔵屋敷内で生れる	大阪でうちこわし起る
安政一	一八五四	長崎に出て蘭学を学ぶ（一一）	日米・日英・日露和親条約締結
二	一八五五	大阪の緒方洪庵の適塾に入門（一一）	長崎に海軍伝習所設置
三	一八五六	一旦中津に帰り再度緒方塾に学ぶ	中国でアロー号事件（翌年英仏軍と戦争）
五	一八五八	藩命により江戸に出て築地中津藩邸内に蘭学の家塾を開く	五カ国と通商条約締結　安政の大獄
万延一	一八六〇	軍艦奉行従僕として咸臨丸にのり渡米、帰国後幕府外国方に雇われる（一二）	櫻田門外の変　中国は北京条約受諾
文久二	一八六二	幕府遣欧使節随員として渡欧（一二）	生麦事件おこり攘夷運動さかん
元治一	一八六四	幕府直臣となり外国奉行飜訳方を命ぜられる（一三）	四国連合艦隊長州攻撃　太平天国滅亡

年号	西暦	福沢の経歴	内外の情勢
慶応一	一八六五	『唐人往来』脱稿(二四) 中津藩要路に建白書を提出(二〇)	幕府長州再征を令す 条約勅許
二	一八六六	『西洋事情』初編脱稿(三〇) 長州再征建白書を提出(二五)	幕長間に戦闘 一揆・うちこわし昂揚
三	一八六七	軍艦受取委員の一行に加わり渡米 帰国後謹慎を命ぜられる(三二)	大政奉還 王政復古 「ええじゃないか」の大衆混乱起る
明治一	一八六八	塾を芝新銭座に移す(三五) 『慶応義塾之記』起草(三六)	新政府開国を布告 戊辰戦争 五カ条誓文
二	一八六九	『英国議事院談』刊 『清英交際始末』刊 『世界国盡』刊(三七)	版籍奉還 全国に農民一揆昂揚
四	一八七一	慶応義塾三田に移る(四二) 『学問のすゝめ』執筆着手	廃藩置県 パリー・コンミューン革命
五	一八七二	『学問のすゝめ』初編刊(四五) 『童蒙教草』初編刊(五四)	学制発布 新橋・横浜間鉄道開通 太陽暦採用
六	一八七三	『帳合之法』初編刊(六〇) 『学問のすゝめ』二・三編刊(五〇)	徴兵令布告 地租改正条例布告 征韓論により政府分裂
七	一八七四	『国法と人民の職分』起草(六四)『学問のすゝめ』四〜一三編刊(五五) 『民間雑誌』を創刊 『文明論之概略』執筆着手 『内は忍ぶ可し外は忍ぶ可らず』起草(六九) 『征台和議の演説』発表(七二)	板垣ら民撰議院設立を建白 佐賀の乱 『明六雑誌』発刊 征台の役

八	一八七五	明六社で民撰議院論争(九八)『国権可分の説』発表(一〇一)『文明論之概略』刊(七五)『明六雑誌』の停刊を主張(一〇八)	漸次立憲政体樹立の詔勅 新聞紙条例・讒謗律公布 江華島事件
九	一八七六	『学者安心論』刊(一一一)『家庭叢談』創刊(翌年『民間雑誌』と改題)『分権論』脱稿(一一七)	廃刀令 熊本・秋月・萩に士族反乱 三重・茨城に地租改正反対一揆
一〇	一八七七	『西南戦争の利害得失』起草(一二四) 西南戦争休戦の建白書提出(一二四)『丁丑公論』脱稿(一二五)	西南戦争 国会開設の立志社建白 インド帝国成立
一一	一八七八	『分権論』刊 『民間経済録』初編刊 『福沢文集』一編刊 『通貨論』刊 『民間雑誌』廃刊(一一九)『通俗民権論』『通俗国権論』刊(一三一)	大久保利通暗殺 三新法制定 愛国社再興第一回大会
一二	一八七九	慶応義塾資金借用を政府に願出る(一五八) 東京府会議員に選出される 春日井郡地租事件に関係(一四六) 東京学士会院初代会長となる 『通俗国権論』二編刊(一四〇)『国会論』発表(一四四)『民情一新』刊(一四一)	教育令制定 徴兵令改正 愛国社第三回大会
一三	一八八〇	国会開設建白を代筆(一四五)『民間経済録』二編刊 慶応義塾の廃止を一旦決意(一五九)	国会期成同盟成立 集会条例制定 官営工場払下概則制定 教育令改正
一四	一八八一	政府機関紙引受を井上馨に約す(一六二)『時事小言』刊(一四七)『明治辛巳紀事』起草(一六三)	交詢社『私擬憲法案』発表 明治一四年の政変 自由党結成

年号	西暦	福沢の経歴	内外の情勢
明治一五	一八八二	『時事新報』創刊(一六五)　金玉均と会見(一六五)　『朝鮮の交際を論ず』発表(一六五)　『圧制も亦愉快なる哉』発表(一六六)　『帝室論』発表(一七〇)　『朝鮮政略』発表(一六七)　『徳育如何』刊(一七八)　『東洋の政略果して如何せん』発表(一六八)　『急変論』発表(一七四)	軍人勅諭出る　立憲改進党結成　立憲帝政党結成　朝鮮に壬午事変　福島事件
一六	一八八三	『学問之独立』刊(一七五)　『文明の利器果して廃す可きや』発表(一八二)　『外交論』発表(一八五)　『徳教之説』発表(一七九)	教科書認可制度実施　鹿鳴館開館　徴兵令改正　フランス安南を保護領化
一七	一八八四	『全国徴兵論』刊　『輔車脣歯の古諺恃むに足らず』発表(一九〇)　『支那を滅ぼして欧洲平なり』発表(一九三)　『東洋の波蘭』発表(一八九)　『貧富論』発表(一九二)	華族令公布　加波山事件　秩父事件　自由党解党　朝鮮に甲申事変　清仏戦争
一八	一八八五	『御親征の準備如何』発表(一九四)　『国交際の主義は脩身論に異なり』発表(一九五)　『脱亜論』発表(一九六)　『日本婦人論』刊	中国と天津条約締結　大阪事件　内閣制度施行　朝鮮巨文島事件
一九	一八八六	『成学即身実業の説』発表(二一一)　『男女交際論』発表　『世界甚だ広し独立の士人不平を鳴らす勿れ』発表(一九八)	帝国大学令・師範学校令・中学校令・小学校令公布　ノルマントン号事件
二〇	一八八七	『政略』発表(一九九)　『私権論』発表(二〇一)	井上馨条約改正交渉中止　保

二一	一八八八	『日本男子論』刊　『内閣責任の有無如何』発表(一二〇三)　『政府に於て国会の準備は如何』発表(一二〇四)　『内閣更迭の先例』発表(一二〇四)	安条例公布　市制・町村制公布　枢密院で憲法草案審議開始　大同団結運動
二二	一八八九	『日本国会縁起』発表(一二〇四)　『貧富知愚の説』発表(一二五九)　『政治の進歩は徐々にす可し急にす可らず』発表(一二〇六)　『旧藩政と英政と』発表(一二〇八)	大日本帝国憲法発布　森有礼暗殺　大隈重信の条約改正交渉中止　第二インター結成
二三	一八九〇	『帝国議会』発表(一二一三)　『政治社会を如何せん』発表(一二一〇)　『安寧策』発表(一二一〇)　『外を先にす可し』発表(一二一四)	第一回総選挙　立憲自由党結成　教育勅語発布　第一議会召集
二四	一八九一	『貧富論』発表(一二五九)　『請ふ伊藤伯を労せん』発表(一二一三)　『今日の策果して戦に在るか』発表(一二一六)　『支那の交渉事件は我国の好機会なり』発表(一二一六)　『瘠我慢の説』脱稿(一二二一)　『消極と消極との撞着』発表(一二一七)　『国会解散して政府の方向は如何』発表(一二一八)	大津事件　朝鮮に防穀令の損害賠償を要求　野党の予算削減要求にたいし第二議会解散
二五	一八九二	『政府の決心未だ晩からず』発表(一二二一)　『政治に熱して政治を重んずる勿れ』発表(一二二〇)　『一大英断を要す』発表(一二一五)　『朝鮮政略は他国と共にす可らず』発表(一二一六)　『極端の愛国論者』発表(一二一六)	選挙大干渉　品川内相引責辞職　千島艦事件

年号	西暦	福沢の経歴	内外の情勢
明治二六	一八九三	『時事新報の官民調和論』発表(一二九) 『勅命を煩はし奉る可らず』発表(一二八) 『実業論』刊 『朝鮮談判の落着、大石公使の挙動』発表(一三一) 『非内地雑居論に就て』発表(一三二)	建艦費補充のため内廷費下付の詔勅 戦時大本営条例公布 条約励行建議案により第五議会解散
二七	一八九四	『開国進取の主義』発表(一三三) 『維新以来政界の大勢』発表(一八一) 『朝鮮の文明事業を助長せしむ可し』発表(一三六) 『世界の共有物を私せしむ可らず』発表(一三七) 『日清の戦争は文野の戦争なり』発表(一三八) 日清戦争の軍資醵金の運動を起す 『日本臣民の覚悟』発表(一三八)	朝鮮東学党の乱 第六議会解散 中国に朝鮮内政共同改革を提案 日清戦争始る
三〇	一八九七	『福翁百話』刊(一四二) 『福沢全集緒言』刊(七七)	金本位制実施 労働組合期成会結成
三一	一八九八	『福沢全集』(五巻)刊 『福翁自伝』を脱稿(一九) 脳溢血病を発す	初の政党内閣(隈板内閣)成立、独膠州湾を租借 露大連・旅順を租借
三二	一八九九	『福翁自伝』刊 『女大学評論・新女大学』刊(一五三)	小学校教育費国庫補助法公布 ボーア戦争
三四	一九〇一	『瘠我慢の説』発表(二二一) 二月三日死去 『丁丑公論』発表 『福翁百余話』刊(一四二)	社会民主党結成禁止 北清事変講和最終議定書調印 元老会議日英同盟案可決

あとがき

福沢諭吉の著作は、政治論・外交論・教育論・社会論・経済論・婦人論と多方面の領域にわたっている。しかし本書では、もっぱら政治論を中心にとらえたので、経済論・婦人論に言及することは少なかった。

私が主題を限定したのは、次のような理由からである。福沢の思想の本領は、官に均衡すべき民の力の伸張を主張し、人民の自主自立と国家の対外独立の貴重さを説いたことにあった。この論点は、ブルジョア自由主義思想の最良な部分を代表したものということができるが、こうした思想は、福沢以後に継承発展せしめられて国民の共有財産となることが少なかった。これはなぜか。私はこの問題を、究極において明らかにしたかった。

これを世界史的な帝国主義段階前夜における東アジア情勢、日本の国内情勢から説明することができることは、もとよりである。しかし福沢の思想の内面から追求するとどうなるのか、彼の思想を継承発展させることを困難にする要素が、彼の思想そのものの内部に備わっていたのではないか、これが私の問題意識であった。この課題にせまるうえで、本書は、福沢の思想的営為と、彼がその思想を公にすることをとおしてかかわった政治との関連を軸に、主要著作の一つ一つを検討するという方法をとった。

福沢の思想家としての生涯の大部分は、彼の思想の本領からの敗退過程であったといえよう。誰もがもっとも高い評価をあたえる『学問のすゝめ』と『文明論之概略』とのなかに、すでに敗退の第一歩がふみ出されていたと私は考える。彼が欧米市民社会を成り立たせている社会関係と思想についての理解を深め、その理念を日本の現実に根をおろしたものたらしめる努力が進められたことは、同時に、日本社会の分厚い伝統とぶつかり、それにはねかえされ、それと妥協して、ブルジョア自由主義の改革的原理から何歩か後退することでもあった。彼の本領ともいうべき主張を積極的に提出したのは、せいぜい明治八、九年までの初期であり、そののち、とくに一四年以後は年をおって敗退が深まり、独立自尊の主張の内容は空虚になってゆくのである。

明治維新において、天皇制絶対主義権力が、幕藩制的政治秩序を一定程度崩しつつ成立する場合、ブルジョア国家の制度、ブルジョア自由主義思想の支えをも必要とし、それなしには統一国家の権力として確立することはできなかった。この特殊条件が福沢の悲劇をもたらした。彼が明治政府の富国強兵政策にのって、ブルジョア自由主義思想の啓蒙につとめた、その出発そのもののなかに、彼の思想の矛盾がはらまれていた。彼が自己の思想原理に忠実であれば、何らかの意味で、天皇制の体質に批判的たらざるをえなかった。しかしその思想を現実に生かそうという政治的効果を求めるならば、権力の施政に働きかけ、それを利用する行動をとらざるをえなかった。それ以外の現実的に可能な方途を見出すことができなかったし、権力を利用しうるという見とおしを彼にあたえるだけの天皇制の複雑な性格が実際存在したのである。

明治一四年以前の天皇制は、まだ弱く如何様にも変えることができるかに見えた。だから福沢は権力を甘く評価し、それを利用しようとし、結局は裏切られた。天皇制は動揺を重ねながら、年とともに強さを加えた。しかし福沢は、権力を利用する執着を絶ちきれなかったばかりか、いよいよ深みにはまった。そうならざるをえなかった事情のなかで、外圧の占める比重は大きい。一九世紀後半の東アジアにおいて、自由主義とナショナリズムとを統一する思想を作り出すことは、土台無理であったというべきかもしれない。国権についての彼の思想的苦闘は、そのことを如実に物語っている。革命の回避を目的とする漸進主義による近代化が、国家主義・軍国主義優先の政策を抑制することができず、アジア蔑視とアジア侵略の主張に走らざるをえず、いな近代化の路線を防衛するためにも、アジア侵略の積極的な煽動者となった。そしてこのことがみずからの手で自由主義の生命を早期に絶たしめることとなったのである。

私の筆が、福沢の思想に代表されるブルジョア自由主義の挫折の軌跡を、歴史の深さと重味においで、どれだけとらえることができたかは、覚束ない。彼の思想の変化を、年次をおって、一通り追いかけたにとどまったのだろう。今書きおえて心残りなのは、いったい今日において、彼の思想をこうした見地から顧みることがいかなる意味をもつかを、充分明らかにすることができなかったことである。彼の著作の部分部分には、私どもに清新な響きをもって訴えかけてくる発言が多いのである。思想的生命をすでに失った晩年の書物にさえ、それを見出すことは困難ではないのである。このことは、彼の批判の対象としたものが、数十年後の現在にあってもなお除去されていないことを示している。しかしその思想的課題を今日解決することは、彼のプラグマティックな思考方法や漸進主義の立場を復活することによっては果たすことはできない。このことを、福沢研究をとおして、今後とも明らかにしてゆきたいと考える。

本書の執筆を引き受けたのは、十数年前のことである。私の怠惰を読者ならびに東京大学出版会におわびするとともに、御世話になった東京大学出版会の石井和夫氏ならびに山下正氏に御礼申し上げたい。また執筆にあたって依拠した『福沢諭吉全集』の労苦多い編集にあたった関係者の方々に、感謝の意を表したい。

昭和四五年一〇月一九日

遠山茂樹

著者略歴
1914年　東京に生れる
1938年　東京大学文学部卒業
現　在　横浜市立大学名誉教授

近代日本の思想家 1
福沢諭吉

1970年 11月 20日　初　版　第1刷
2007年 9月 21日　新装版　第1刷

［検印廃止］

著　者　遠山茂樹《とおやましげき》

発行所　財団法人　東京大学出版会
代表者　岡本和夫

〒113-8654
東京都文京区本郷7-3-1 東大構内
電話 03-3811-8814　Fax 03-3812-6958
振替 00160-6-59964

装　幀　間村俊一
印刷所　株式会社平河工業社
製本所　牧製本印刷株式会社

ISBN978-4-13-014151-2　Printed in Japan

近代日本の思想家　全11巻

四六判　1〜10　定価各二九四〇円

1　福沢諭吉　遠山茂樹
2　中江兆民　土方和雄
3　片山潜　隅谷三喜男
4　森鷗外　生松敬三
5　夏目漱石　瀬沼茂樹
6　北村透谷　色川大吉
7　西田幾多郎　竹内良知
8　河上肇　古田光
9　三木清　宮川透
10　戸坂潤　平林康之
11　吉野作造　松本三之介（二〇〇八年初春刊）